KB251461

진실함

진실함

릭 비젯 지음 | 전의우 옮김

규장

사람들의 인정 vs 하나님의 인정

인생의 적잖은 시간 동안, 다른 사람들이 내게 바라는 사람이 되려고 애써왔다. 선생님들에게는 '착한 학생', 부모님에게는 '착한 아들', 대학의 팀 동료들에게는 '좋은 선수', 파티 친구들에게는 '좋은 친구'로 말이다. 그러나 그들을 속이려고 무진 애를 쓸 때도 하나님을 속이지는 못했다. 자신을 속일 뿐이었다.

리더십 전문가인 존 맥스웰(John Maxwell)은 '성공이란 우리를 가장 잘 아는 사람들에게 가장 큰 사랑과 존경을 받는 것'이라고 정의했다. 나는 나를 잘 모르는 사람들이 나를 존경하고 사랑한다는 사실을 알고 나서 정신이 번쩍 들었다. 하지만 나를 가장 잘 아는 사람들 중에서도 진짜 나를 알기보다는 그저 나에 대해 아는 사람이 있을 뿐이었다. 아무도 나보다 나를 더 잘 알지 못했다. 그런데 나는 자신을 사랑하거나 존경하지 않았을 뿐아니라 나 자신을 참아내지도 못했다.

감사하게도, 나는 오랜 세월을 순전히 다른 사람들의 시선에 사로잡혀 산 후에야 그리스도를 통해 하나님의 은혜를 진정으로 깊이 체험했다. 다른 사람들에게 인정받기 위해 애쓰며 사는 대신에 하나님의 인정을 의지하며 사는 법을 배웠다. 이런 새로운 삶과 신분이 관계와 가정과 리더십에서 나를 완전히 바꿔놓았다.

아직 눈치를 못 챘는지도 모르겠지만, '척하기'(faking)는 그야말로 진을 뺀다. 그런데 안타깝게도 우리 문화는 척하라며 우리를 가만히 훈련시킨다. 인스타그램과 페이스북에 게시된 친구들의 삶이 더 흥미진진해 보인다. 그래서 이들을 따라잡으려고, 적어도 이들과 비슷해 보이려고 더욱 애를 쓴다. 최근에 한 기사를 읽었다. 소셜 미디어가 개개인의 불만을 가장 강하게 부추기는 새로운 요소라는 내용이었다. 거기서는 나를 제외한 다른 모두의 삶이 더 재미있고, 신나며, 알차 보인다. 친구들은 해변이나 파티나 쇼핑몰이나 경기장에서 신나는 시간을 보내는데, 우리만 강의실이나 일터나 집에 갇혀 있는 것 같다.

누군가 이 문제를 설명하면서 우리는 다른 사람들의 '하이라이트 필름'을 보면서 우리의 '무대 뒤' 생활과 비교한다고 정곡을 찔렀다. 우리가 열등감을 느끼는 것이나 자신을 가장하는 것도 놀랍지 않다. 이런 사실을 알지도 못한 채, 우리는 남들의 인정에 갈수록 목을 맨다. 온라인에서 남들이 우리에 관해 하는 말에 무척 신경을 쓴다. 우리에 대한 남들의 시선에 사로잡힌다. 이것이야말로 하나님께서 우리를 어떻게 생각하시는지를 잊어버리는 가장 빠른 길이다!

릭 비젯이 바로 이 부분을 파고든다. 이쯤에서 먼저 솔직하게 말해야겠다. 나는 그의 광팬이다. 그의 사역과 가족을 사랑한다. 친구로서 그를 사랑한다. 왜냐하면 그는 진실한 사람이기 때문이다. 내가 릭이 진실한 사람인지 평가해야 한다는 사실이 슬프다. 우리는 의심하는 문화에 산다. 성공한 사람을 볼 때, 많은 사람이 그가 정말로 어떤 사람일지 궁금해 한다.

'사람들 앞에 있을 때나 닫힌 문 뒤에 있을 때나 차이가 없는 한결 같은 사람인가? 얼간이인가, 이기적인가, 오만한가?'

그러나 우리의 의심은 실제로 자신의 결점이 투영된 것일 뿐이다. 툭하면 다른 사람들이 진실한지 궁금해 하는 데는 그럴만한 까닭이 있다. 자신이 툭하면 척한다는 사실을 알기 때문이다. 다행히 좋은 소식이 있다. 우리에게 더 나은 길이 있다! 이 책의 저자인 릭은 진실하고 투명한 삶으로 우리를 인도해줄 최적임자다. 그를 직접 만나보면 그의 확신에 깜짝 놀랄 것이다. 그러나 그는 털끝만치도 시건방진 사람이 아니다. 그저 확신에 차 있을 뿐이다. 그는 자신이 누군지 알며, 결코 자신이 아닌 누군가가 되려고 애쓰지 않는다. 릭은 하나님께서 그를 지어 되게 하신 바로 '그 사람'이 되어 있다.

이것이 많은 사람이 릭에게서 배우길 좋아하고, 그의 사역에서 큰 유익을 얻는 숱한 이유 중 하나다. 그는 수천 명의 목사로, 교사로, 멘토로서 가르치는 동시에 격려하는 특별한 능력을 가졌다. 그의 가르침은 피부에 그대로 와 닿고, 그의 이야기는 감동을 준다. 그의 성격은 말 그대로 아주 재미있다.

이 책을 읽으면 당신을 사랑하고, 당신에게 가장 좋은 것을 주고 싶어 하는 친한 친구의 말을 듣는 듯할 것이다. 그러나 릭은 조금도 인정사정 봐주지 않을 것이다. 필요할 때면 단도직입적이고 직설적이며 가차 없이 도전을 가한다. 나는 하나님께서 그런 릭의 말을 사용해서 당신이 더 이상 척하길 그치고, 그분이 말씀하시는 그런 사람이 되도록 힘을 주시리라고 믿는다.

이제 속이 뒤틀리는 고통스런 자기 점검을 실행할 준비를 하라. 릭은 당신이 강력한 진리를 발견하도록 도와줄 것이다. 당신이 모든 사람을 다 기쁘게 할 수는 없지만 하나님을 기쁘시게 할 수 있다는 진리 말이다. 사람들에게 인정받으며 사는 대신에 하나님의 인정을 받으며 살 수 있다.

지금은 진실해야 할 때다. 척하기는 우리의 진을 빼놓기 때문이다.

크레이그 그로쉘(Craig Groeschel), 라이프처치(Life Church) 담임목사

나는 릭 비젯의 많은 부분을 좋아한다. 그중에 하나는 그가 큰 꿈을 꾼다는 사실이다. 그는 이따금 불가능한 꿈을 꾸는데도, 요동하지 않고 꿋꿋이 그 꿈을 좇는다. 또 하나님이 목적을 두고 당신을 창조하셨고, 당신과 더불어 큰 꿈을 꾸길 원하신다는 사실을 당신이 알길 원한다. 인생의 불행한 사건들 때문에 주변으로 밀려났다고 느끼는 모든 이들에게 이 책을 적극 추천한다. 존 맥스웰(John Maxwell), EQUIP 설립자

참되고 진실한 삶만큼 우리를 자유하게 하는 것도 없다. 이런 삶을 보여주는 사람들 중에 릭이 누구보다 먼저 떠오른다. 솔직하고 분명하며, 성경의 진리와 약간의 유머가 잘 어우러진 이 책은 당신의 영혼에 생기를 되찾아주고 하나님과 더 가까이 동행하는 여정으로 인도할 것이다.

크리스 호지스(Chris Hodges), 하일랜즈교회(Church of the Highlands) 담임목사

릭은 겸손하고 연약하기에 쉽게 존경할 수 있는 리더다. 그의 경험을 통해 진실하려면 어떻게 해야 하고, 정직하고 투명한 삶을 통해서만 오는 하나님의 은혜를 발견하려면 어떻게 해야 하는지 배울 수 있다.

스티븐 퍼틱(Steven Furtick), 엘리베이션교회(Elevation Church) 리드목사

인간으로서 우리는 이따금 자기 계획을 좇느라 시간과 에너지를 쏟아붓지만 결국 좌절과 실망에 빠진다. 릭 비젯 목사는 모든 장애물을 걷어내고 변화를 받아들임으로써 하나님께서 당신을 위해 계획해두신 모든 일에 발을 들여놓으라고 도전한다.

크리스틴 케인(Christine Caine), The A21 Campaign 설립자

이 책은 왜 그리스도인들이 진실하기가 힘든지를 다룬다. 강단과 회중석이 정직한 사람들로 채워지면 교회가 더 건강해질 것이 확실하다. 우리는 하나님과 자신과 이웃에게 진실하기를 배워야 한다. 진실할 때에야 참으로 자유로울 수 있기 때문이다.

이 책은 하나님께서 부르신 자리에 이를 수 있게 당당히 서서 자신의 불완전한 부분을 부끄러워하지 말라고 격려한다. 믿음의 사람들은 우리를 주저앉히려는 정직하고 열린 일상의 대화를 반겨야 한다. 그래야 서로를 높여주고 전체로서 함께 성장할 수 있다. 가면을 벗고 흔들림 없는 확신을 품은 채 무한한 잠재력을 발휘하며 살려는 새신자들과 오래된 신자들에게 이 책을 권한다.

현재의 삶에 만족하지 않고 변화를 준비하거나, 목적이나 방향 없는 삶에 지쳐 있거나, 직장에서 희망이 보이지 않는다고 느끼거나, 피상적 관계에 빠졌다고 느끼는 사람들의 정곡을 찌르는 이 책은 가능한 탈출구를 제시한다.

당신은 사람들에게 좋은 평판을 얻으려고 얼마나 시간을 들이는가? 자신이 그냥 자신일 수 있으면 좋겠다고 생각해보았는가? 릭은 이 책을 통해 하나님을 안다는 말은 진실할 자유를 갖는다는 뜻임을 강하게 일깨운다. 이 책을 읽고, 척하길(faking) 그만두라.

저자는 자기 발목을 잡는 허울과 두려움 뒤에 숨길 그치고, 하나님이 주시려는 자유 가운데 행하기 시작하라고 촉구한다.

릭 비젯의 글은 유머가 가미되어 쉽게 읽히면서도 정곡을 찌른다. 안락의자에 앉아 흥미진진한 영화를 볼 때처럼 편안하고 쉽게 그의 이야기에 빨려들 것이다.

우리가 거짓된 겉모습과 환상에 지나지 않는 이미지에 굴복하지 않은 채 진정한 자신이 될 수 있는 방법을 알려주는 유익한 길라잡이가 되는 책이다. 가식은 교회가 실패하는 첫째 이유다. 이 책은 우리가 우리 자신이 되는 데 필요한 메시지를 정확히 전한다.

'진실함'에서 '쉼'이 나온다. 릭은 자신이 누군지 알며, 목회할 때마다 사람들을 진실하게 대한다. 진실함이 당신을 흔들겠지만 또한 당신을 빚을 것이다. 당신은 오늘부터 진실할 수 있으며, 삶과 사역이 전혀 달라질 것이다.

릭 목사는 척하라(faking)고 외치는 세상에서 대중문화에 맞서 왜 진실해야 하는지 설명하면서 삶을 바꿔놓을 통찰을 제시한다.

릭 비젯은 내가 아는 한 '진실한' 사람이다. 그의 경험과 통찰이 집약된 이 책은 우리 자신과 하나님께 진실하라고 촉구한다. 당신을 향한 그분의 무조건적 사랑과 특별한 목적 그리고 그분을 위한 삶의 멋들어진 예를 보여줄 테니 기대하고 준비하라.

조 챔피언(Joe Champion), 셀러브레이션교회(Celebration Church) 담임목사

릭 비젯은 늘 함께하고픈 사람이다. 그는 재미있고 편안하며 진실하다. 하나님이 자신을 불러 빚으시려는 모습에 진실하다. 이 책은 당신도 그렇게 살도록 격려하며 자유하게 한다!

스토벌 웜즈(Stovall Weems), 셀러브레이션교회(Celebration Church) 리드목사

이 책을 처음 봤을 때, '진실'이라는 개념에 강하게 끌렸다. 책을 읽어가면서 우리의 관심은 곧 흥분으로 바뀌었다. 이 책은 '진실함'에 관한 낡은 문구로 채워지지 않았다. 릭은 성경과 자신의 경험을 강렬하고 설득력 있게 썼다.

존과 리사 비비어 부부(John and Lisa Bevere), 저술가이자 사역자, Messenger International 설립자

하나님께서 주신 잠재력을 온전히 발휘하고, 변함없는 우정을 쌓으려면 진실해야 한다. 이 책은 진실함이 드물고 겉치레가 판치는 시대에 우리에게 진실한 삶의 희망뿐 아니라 실제적 단계까지 제시한다. 진정한 자신이 되라며 당신을 독려하고, 또 그렇게 되도록 도와줄 것이다.

홀리 와그너(Holly Wagner), GodChicks Women's Ministry 설립자

우리가 타인들에게 진실해도 괜찮으며, 스스로에게 진실해질 때 삶이 더 즐거워지고 관계가 깊어짐을 깨닫게 하는 책이다.

첫인상이 전부이며, 가식과 허세가 판치는 문화에서 이 책은 교회에 당장 필요한 진실한 책이다.

이 책은 단순한 삶으로 향하는 지름길을 제시한다. 우리가 그냥 자신일 수 있도록 압박을 덜어준다. 당신은 하나님이 창조하신 최고의 걸작이다. 당신의 삶을 바꿔놓을 단순한 이 진리에 감사하라.

당신이 믿음이 자라야 하거나, 다시 꿈을 꾸어야 하거나, 다른 사람들을 독려하는 대체 불가능한 자질을 길러야 한다면, 이 책은 당신을 위한 책이다!

릭 비젯은 진실하려면 어떻게 해야 하는지를 다루는 책을 쓰기에 가장 적합한 사람이다. 그는 언제나 진실을 나누며 어디를 가나 늘 한결같다. 삶과 종교에 지쳤거나 하나님이 당신을 위해 계획하신 삶을 살고 싶은 모두에게 이 책을 적극 추천한다.

진실해야 할 때다

사랑 안에 두려움이 없고 온전한 사랑이 두려움을 내쫓나니 두려움에는 형벌이 있음이라 두려워하는 자는 사랑 안에서 온전히 이루지 못하였느니라

요일 4:18

나는 평소 텔레비전의 리얼리티 쇼를 빼놓지 않고 챙겨보는 광팬이 아니다. 그런데 몇 년 전, 내 시청 습관이 달라졌다. 우리 교회의 한 찬양 리더가 〈아메리칸 아이돌〉에 나가 결승에 진출했기 때문이다.

크리스 알렌은 내게 두 가지 면에서 감동을 주었다. 첫째, 그는 목소리가 정말 좋은데, 이 프로그램을 통해 자신의 노래 실력을 수백만 시청자에게 고스란히 전달했다. 둘째, 그는 놀랍도록 겸손했고 진실한 믿음을 가졌다. 그러고 보니 이유가 셋인 것 같다. 그는 정말 진실하다!

솔직히 나는 크리스가 〈아메리칸 아이돌〉의 최종 우승자가 되리라고 생각지 않았다. 반대로, 교회 찬양팀 책임자인 브랜든은 크리스가 경연에 참가했다는 얘기를 듣자마자 그의 우승을 장담했다.

아무도 크리스의 놀라운 목소리를 의심하지 않았다. 그러나 그가 미래의 스타를 꿈꾸는 수많은 참가자와 겨룰 뿐더러 사이먼 코웰(Simon Cowell, 아메리칸 아이돌 심사위원)의 비판을 딛고 살아남을 수 있을지는 여전히 의문이었다.

크리스가 오디션을 가볍게 통과하고 "이제 할리우드에 갑니다!"라고 외쳤을 때, 우리는 놀라지 않았다. 교회는 곧바로 그를 격려하고 응원하며, 그를 위해 기도하기 시작했다. 한 주 또 한 주, 매 라운드를 순조롭게 통과하더니 드디어 Top 10에 올랐다. 나는 브랜든의 예측을 떠올렸다!

크리스의 팬들은 그에게서 뭔가 다른 걸 감지했다. 단지 그들을 매료시키는 멋진 목소리나 서로 다른 음악 스타일을 한데 녹여내는 그의 능력이 아니었다. 사람들은 크리스의 소탈한 성격과 자연스럽고 침착한 무대 매너를 좋아했다. 그의 편안하고 자신 있으면서도 잘난 척하지 않는 태도를!

무엇보다 크리스는 진실해 보였다. 이것은 모두가 자신을 치장하려 들고, 무대를 가장 매력적으로 꾸민 사람이 상을 받는 오디션에서 그야말로 신선한 충격이었다.

마침내 TOP 3만 남았다. 준결승을 앞두고 크리스가 집에 돌아오자, 여러 대의 카메라가 그를 그림자처럼 따라다녔다. 리틀록과 콘웨이는 물론 아칸소 주 전체가 열광했다. 크리스는 이곳 토박이였고, 그야말로 개천에서 난 용이었기 때문이다. 우리 모두 그로 인해 어깨가 으쓱했다. 그런데 정작 그는 이 모두를 대수롭지 않게 여겼다. 결과에 관계없이 이미 스타가 되었는데도 그는 조금도 달라지지 않았다.

최종 결승 무대를 직접 보려고 브랜든을 비롯해 몇몇 교인과 함께 할리우드로 날아갔다. 지금껏 그렇게 가슴이 두근거리고 흥분되며 아드레날린이 마구 분비된 적은 없었다!

크리스는 마지막에 아담 램버트와 붙었다. 아담의 글램 락(glam rock) 스타일은, 이를테면 보이 조지(Boy George)와 그룹 키스(KISS)를 섞어 놓은 듯했다. 결승 무대가 시작될 때, 진행자인 라이언 시크레스트(Ryan Seacrest)는 크리스와 아담의 차이를 완벽하게 요약했다.

"어쿠스틱 락커(acoustic rocker) 대 글램 락커(glam rocker), 콘웨이 대 캘리포니아, 옆집 청년 대 가이라이너(guyliner, 남성용 아이라이너를 가리키는 말이다—옮긴이)의 대결입니다."

크리스가 결승에서 보여준 연주와 노래는 정말 놀라웠다. 그래도 여전히 그가 우승하리라는 확신이 들지는 않았다. 어쩌면 그가 우승할까 봐 두려웠는지도 모르겠다. 그는 막 결혼한 새신랑이었고, 신혼부부가 갑작스런 명예와 유명세에 어떻게 대응할지 모를 일이었다. 그러나 그는 두 발로 땅을 굳게 디딘 채 조금도 흔들리지 않았다. 그저 더없이 멋진 목소리를 가진, 유명 오디션 프로그램에 나갔다가 결승까지 오른 재능 있는 청년일 뿐이었다.

척하라

크리스는 실제로 우승했다! 그는 우승을 했는데도 고상함과 품위를 잃지 않았다. 여느 일을 처리할 때와 다르지 않았다. 우승했다고 달라진 게 전혀 없었다. 여전히 아내 캐시를 사랑하며, 자신이 살아가는 방식으로 하나님을 향한 사랑을 선포하는, 바위처럼 견고한 청년이다.

크리스처럼 진실한 사람이 우승하고 감사하는 모습을 보노라면 정말이지 아주 신선하다. 우리는 너나없이 이런 인정을 받고 싶어 한다. 〈아메리칸 아이돌〉에서 우승해서 얻는 인정이 아니라 자신의 소명을 성취하고, 하나님이 자신을 창조하며 맡기신 일을 정확히 해낸 데서 오는 개인적 확신일지 모르겠다.

자기 자신이 될 자유를 느끼는 데서 오며, 주변 모든 사람이 자신을 어떻게 생각하는지 걱정하지 않아도 되는 데서 오는 평안 말이다. 자신이 사람들을 기쁘게 하는 자이며, 사람들이 자신을 좋아하는 척하도록 만들 필요가 없음을 아는 데서 오는 안도감 말이다.

불행히도 대부분의 사람들은 이런 진실할 자유를 경험하지 못하는 것 같다. 그래서 안타깝고 화가 난다! 대부분은 잠재력을 십분 발휘하여 하나님이 우리를 지어 만드신 바로 '그 사람'이 되려고 몸부림친다. 그러나 진정한 나 자신이 되는 대신에 자신들이 원하는 사람이 되라며 우리를 끄는 힘이 얼마나 큰지 모른다.

오늘 우리 문화는 그 무엇이라도, 또는 그 누구라도 도무지 있는 그대로 받아들이려 하지 않는다.

정치인들은 표를 얻으려고 무슨 말이든 다 한다. 광고주들은 이익을 극대화하려고 온갖 수단을 동원해 제품을 선전한다. 피고용자들은 자료를 조작하고 동료의 뒤통수를 치는 것을 비롯해 앞서가려고 온갖 짓을 서슴지 않으며, 고용주들은 이렇게 하라고 피고용자들의 등을 떠밀기까지 한다. 어느 쪽으로 눈을 돌리든, 앞서가거나 어떻게든 버티려고 가면을 쓴 채 척하며 살아가는 사람들이 보인다.

그러나 척하기는 우리의 진을 뺄 뿐 아니라 진정한 우리에게서, 우리가 갈망하는 것에서 훨씬 멀어지게 한다. 우리가 어떤 겉모습을 유지하든지 하나님을 속이지는 못한다.

하나님은 우리의 모든 은밀한 생각과 순수하지 못한 바람과 좀스런 감정을 비롯해 우리의 마음을 우리보다 더 잘 아신다. 그런데도 여전히 우리를 사랑하신다! 우리가 그분에게 진실하길 원하신다. 하나님은 우리가 그분과 관계를 가지려면 진실하라고 요구하신다.

진정한 정직

우스운 이야기를 하나 소개하겠다. 내 친구 디보도는 자신에 관해 솔직해지려 몸부림치고 있었다. 어쩌면 자신이 얼마나 똑똑하지 못한지에 관해서였는지도 모르겠다. 언젠가 보드로와 디보도가 같은 회사에 지원했는데, 면접관이 이렇게 말했다.

"저희는 둘 중 한 사람밖에 채용할 수 없습니다. 시험 점수가 높은 사람을 채용하겠습니다."

둘은 30분간 시험을 치렀다. 면접관이 채점을 끝낸 뒤 말했다.

"두 사람의 점수가 똑같네요. 보드로 씨, 당신을 채용하기로 했습니다."

디보도는 몹시 화가 나서 면접관에게 왜 점수가 똑같은데 친구를 채용하느냐고 따졌다. 그러자 그가 대답했다.

"11번 문제 때문입니다. 보드로 씨는 '모르겠습니다'라고 답을 했고, 디보도 씨는 '저도요'라고 답했습니다."

우리는 너나없이 진실하고 싶다고 말한다. 그러나 정직하지 않고는 진실할 수 없다. 자신의 몸부림과 의심과 실패에 대해 온전히 정직해야 한다.

하나님은 우리가 그분께 이런 자세로 나아가는 것을 좋아하신다. 그리할 때 하나님이 우리의 문제를 다루실 수 있다. 정직하지 않고, 계속 자신을 위장하며, 사람들이 자신을 어떻게 생각하는지 걱정하는 데 온 신경을 기울인다면 일 년이 지나도 오늘과 똑같은 자리에 머물러 있게 된다.

당신의 감정과 생각을 위장하는 게 안전하고 인정받는 유일한 길이라고 생각할지 모르겠다. 당신은 대인 관계, 직장생활, 심지어 사역에서 성공하려면 척하는 게 필수라고 확신하게 되었을지도 모른다. 당신이 정말 누구인지, 어떤 실수를 했는지 알게 되면 아무도 당신을 좋아하거나 신뢰하지 않을 거라는 거짓말을 믿게 되었을지도 모른다. 그러나 이런 거짓말이 당신을 죽인다. 이것이 당신의 성장을 가로막고, 당신이 가까이하고 싶었던 사람들에게서 멀어지게 한다.

바보는 거울을 들여다보고 돌아서서 자신의 모습을 잊어버린다(약 1:23-25, 메시지). 그러나 우리는 의도적으로 돌아서서 자신의 모습을 잊는다. 그 모습이 마음에 들지 않기 때문이다. 사람들이 그런 우리의 모습을 보길 원치 않는다. 그래서 척하는 데, 가면으로 자신의 진짜 모습을 가리는 데 선수가 되었다. 그런데도 우리는 척하기에 그다지 뛰어난 선수가 되지 못했는지도 모른다!

당신이 아는 사람들 가운데 낙담하거나, 불행하거나, 화를 내거나, 불만이 가득한 사람이 얼마나 많은지 생각해보라. 이들을 보면 알듯이 척한다고 해서 누군가를 속일 수 있는 게 아니다.

예수님은 우리가 척하지 않아도 된다는 좋은 소식을 전하러 오셨다. 우리는 진실할 수 있다. 하나님께서는 우리를 정확히 있는 그대로 받아들이지만 우리를 너무나 사랑하시기에 그대로 두지 않으신다.

당신에게 전적으로 진실할 자유가 있다면 당신의 삶이 어떠할지 상상할 수 있는가? 당신이 그저 자기 자신이고, 사람들이 당신을 있는 그대로 받아들일 거라고 믿을 수 있다면 얼마나 큰 자유를 느낄까? 당신이 늘 척할 걱정을 하지 않아도 된다면 얼마나 편안하고 여유로우며 만족스러울까? 당신이 매일 척하지 않으면서 살 수 있다면 어떻게 될까?

- 가족에게 정직하게 대한다면 어떨까?

- 무슨 말이든 다 할 수 있는 사람들이 있다면 어떨까?

- 어떤 모습이든 하나님께서 사랑하신다는 사실을 진정으로 믿는
  다면 어떨까?

- 사람들을 있는 그대로 사랑한다면 어떨까?

- 진실하다고 해서 뒤통수를 맞지 않는다는 것을 안다면 어떨까?

이 책은 더 나은 삶을 사는 더 정직하고 성경적인 방법을 제시할 것이다. 그 목적은 온전히 진실한 삶, 가식과 가면을 벗어버린 삶, 자신만의 고유하고 흔치 않은 진실한 삶을 사는 것이다. 세상이 정의하는 진실한 삶이 아니라 하나님, 진실의 창조자께서 정의하시는 진실한 삶 말이다.

이렇게 산다는 말은 당신이 주변 모든 사람에게 펼쳐진 책이 된다는 뜻이 아니다. 이것은 어리석은 짓이다. 그러나 당신은 모든 두려움과 거짓 믿음을 극복하고 그리스도께서 우리에게 명하시듯이 사람들을 사랑하며 진정한 삶을 사는 법을 배울 수 있다.

삶에는 많은 방식이 있다. 그러나 이제는 당신이 정말 누구며, 하나님이 당신을 불러 살게 하시는 삶을 사는 자유가 무엇인지 제대로 깨달아야 할 때다. 하나님이 준비하신 가장 좋은 것에 미치지 못하는 삶에 안주하는 데 이골이 났다면, 이제 척하길 그만둘 때다.

진실하고 싶다면 계속 읽어라!

Be Real

1

자신에게 털어놓기

우리는 척하길 어떻게 배웠는가

하나님께는 유머 감각이 있다. 내가 산 증거다. 나는 목사라서 얼마나 좋은지 모른다. 그런데 내가 과거에 교회에 가기를 무척 싫어하던 사람이었음을 떠올리면 웃음이 나온다.

어릴 때 다니던 교회는 진실하기에 관해 많은 가르침을 주었다. 대부분 부정의 방식을 통해서였다. 교회 문을 들어서기 전에 척하기는 필수였다. 왜 그랬는지 딱 꼬집어 말할 수는 없지만 어려서부터 예배가 끝날 때마다 맥이 탁 풀리는 걸 느꼈다. 교회에 머무는 시간이라야 고작 한 시간 반이었다. 그런데 종일인 것 같았다.

부모님도 교회 게임을 적극적으로 하셨는데, 이것은 내게 도움이 되지 않았다. 그 분들의 결혼생활은 말다툼과 의견 충돌로 가득했고, 상상을 초월하는 긴장의 연속이었다. 집은 그야말로 전쟁터였다! 그러나 매주일 교회당에 들어서는 순간이면 마치 묵음 스위치가 켜지는 것 같았다. 우리를 보는 부모님의 표정은 마치 이렇게 말하는 것 같았다.

'너희도 교회 게임을 하는 게 좋을 거야. 웃으렴. 가면을 써야지. 늘

옳은 말을 해야 돼. 아무에게도 우리 가정의 참 모습을 알려서는 안 돼.'

우리 가족만 그런 게 아니었다. 늘 우리 앞줄에 앉던 가족이 생각난다(모든 사람이 매주 같은 자리에 앉곤 했다). 이 가족은 모든 걸 갖춘 듯 보였다. 그래서 '우리 가족도 이들처럼 진정으로 사랑하고 친절하면 얼마나 좋을까'라는 생각을 얼마나 자주 했는지 모른다. 우리 부모님도 이들처럼 사랑하면 좋겠다고 간절히 바랐다. 나도 가만히 앉아 이 집 아이들처럼 주목할 수 있으면 좋겠다고 생각했다.

그런데 안타깝게도 몇 년 후, 상상도 못한 일이 그 가정에서 일어나고 있다는 사실을 알게 되었다. 그 가정은 학대, 불륜, 손찌검, 파산, 마약 중독으로 고통 받고 있었다. 이들의 연기는 아카데미상 감이었다. 교회에 다니려면 척해야 하는 게 분명했기 때문이었다.

당신이 몸부림치고 있음을 들키는 건 정말 끔찍한 일이다. 그래서 공손한 그리스도인의 가면을 쓰고, 설교 시간에 때맞춰 고개를 끄덕이며, 누군가 안부를 물으면 적절하게 둘러대곤 한다.

기쁨, 기쁨, 기쁨

나를 가르쳤던 주일학교 선생님도 이 사람들보다 조금도 낫지 않았다. 그 선생님은 아이들을 괴롭히길 좋아했다. 그래서 나는 교회를 싫어했고, 교회에 안 가겠다고 버티기 일쑤였다. 바로 그 여선생님 때문이었다. 지금도 그 선생님을 생각하면 기겁한다! 그녀는 세상에서 가장 야비했고, 특히 내게 감정이 있는 것 같았다.

그때 나는 겨우 여덟 살이었는데, 그 선생님은 내게 "비젯, 넌 지옥에 갈 거야!"라고 말하곤 했다. 마치 자신이 지옥에서 태어나고 자랐다는 듯이 지옥을 말했다. 선생님이 "천국에 가고 싶니?"라고 물으면 나는 "아뇨, 선생님이 가는 데라면, 나는 안 갈래요!"라고 대답하곤 했다.

어느 주일, 선생님은 십계명을 가르치면서 절대로 하나님의 이름을 함부로 부르지 말라고 했다. 나는 별 생각 없이 "헐!"이라고 했다. 선생님은 잠시 멈추더니 곧바로 나를 쏘아보며 아주 천천히 물었다.

"방금 뭐라고 했니?"

이번에는 "헉!" 소리가 나왔다.

선생님은 돌처럼 차가운 눈으로 나를 노려보더니 마디가 굵은 손가락으로 나를 가리키며 말했다.

"비젯, 지옥은 뜨겁다! 뜨거워! 뜨겁다고!"

어린아이에게 이렇게 말해놓고 그 아이가 하나님을 아는 기쁨을 발견하리라 기대할 수 있겠는가!

사실 그 교회는 기쁨에 관한 찬양을 많이 불렀다. 그러나 모두의 언짢은 표정과 그들의 찬양은 서로 어울리지 못했다. 우리는 "주 예수 사랑 기쁨 내 마음속에 내 마음속에 있네"라고 찬양했다. 그리고 모두들 "어디?"라고 외쳤다. 그러면 다들 "내 마음속에"라고 대답했다. "우리의 기쁨이 어디 있는가?"라고 묻는 것은 그 교회에서 일어난 가장 진실한 일이었다. 우리는 계속 물었으나 결코 진정한 대답을 얻지 못했다.

좋은 목사

자라면서 교회에서 고통스런 경험을 했기에 절대 척하지 않겠다고 수없이 결심했다. 청년 시절, 프로골퍼가 되려고 하면서도 한 분이신 참 하나님을 믿는 진정한 믿음을 쉼 없이 찾아다녔다. 이런 노력이 결실을 맺어 하나님이 나를 전임 사역자로, 척하지 않는 사역자로 부르신다는 걸 곧 느꼈다.

어린 시절의 열정과 잃었던 희망이 어느 정도 회복되었다. 그러나 신학교에 들어가 '좋은 목사'가 되려면 척해야 한다는 것을 깨닫기 전까지일 뿐이었다.

몇몇 교수와 수업을 맡은 일선 사역자들이 직간접적으로 분명하게 못을 박았다. 목사는 늘 강해 보이고, 행복해 보이며, 흐트러짐이 없어 보여야 한다고. 자신의 환경이 어떠하든지, 스스로 어떻게 느끼든지 늘 결혼생활이 행복하고, 집안에 아무 문제가 없고, 기도생활이 은혜롭고, 온통 기쁨으로 충만한 것처럼 행동해야 한다고. 그리고 이렇게 말했다.

"사람들이 우리 속에서 무슨 일이 일어나는지 안다면 우리 모두 기름부음을 잃게 될 겁니다."

정말일까? 그때는 이들의 말을 그대로 받아들였기에 어떻게든 기름부음을 지켜야 한다고 믿었다. 그러나 어릴 때 주일학교에서 야비한 선생님 반에 속했을 때처럼 나 자신이 여전히 진저리내고 화내며 좌절한다는 걸 발견했다. 그때 이렇게 생각했던 것 같다.

'이렇게 살아선 안 돼! 이렇게 살기는 싫어! 이러다간 친구가 하나도 없을 거야. 외톨이에다 이상한 사람이 되어버릴 거야. 그러니 남은 평생 외롭거나 이상하지 않은 척해야 할 거야.'

몇몇 교수와 이 문제를 놓고 논쟁하곤 했다.

"왜 진실하면 안 되나요? 왜 정직하면 안 되죠? 왜 사람들과 가까워지면 안 되죠?"

내가 강의실에서 이렇게 물으면 나머지 학생들은 마치 내가 제정신이 아니라는 듯이 쳐다보았다. 이들은 마치 "또 시작이군!"이라고 말하듯이 흘깃거리곤 했다.

그런데 틀로 찍어낸 듯 똑같은 대답을 자꾸 듣다보니 어느 순간부터 이들의 말을 그대로 받아들이게 되었다. 내 느낌을 차단하기 시작했고, 내 기대가 지나치다고, 내가 아직 덜 자라서 척하기를 못하는 거라고 생각했다. 그리고 곧 나는 사랑하는 여자와 결혼했고, 사역을 시작했다. 어쨌거나 잘 풀리길 바라면서….

척하는 그리스도인

결혼 초반, 우리는 자주 다퉜고 동시에 이런 방식의 목회는 불가능하다는 사실을 곧 깨달았다. 성경은 "화난 채로 잠자리에 들지 마십시오"(엡 4:26, 메시지)라고 말한다. 그래서 나는 연달아 며칠씩 잠을 자지 않았다(물론, 이 구절의 의미는 이런 게 아니다).

우리에게는 대화를 나누거나 격려해줄 사람이 없었기에 외떨어지고 고립되었다고 느꼈다. 그리고 나는 내가 절대로 되지 않겠다고 맹세했던 바로 그런 사람, '척하는 그리스도인'(fake Christian)이 되었다.

그 결과로 우리의 결혼생활은 엉망이었으나 이에 대해 우리에게 말해 줄 사람이 없었고, 나는 내가 그렇게도 싫어하던 방식의 목회를 하고 있었다.

이렇게 살고 있을 때, 근처 큰 교회로부터 설교 요청을 받았다. 그렇게 많은 사람들 앞에서 설교해본 적이 없었기에 큰 부담을 느꼈다. 스트레스가 추가되니 그야말로 뚜껑이 열릴 지경이었다. 결혼 후 가장 크게 다투었다. 아내는 나를 비난했고, 나는 그녀를 향해 소리를 질렀다.

"닥처! 닥치라고!"

아내가 나를 쳐다보며 울기 시작했다. 그러나 이 문제를 두고 얘기할 시간이 없었다. 설교를 준비해야 했다. 그렇다고 전화할 친구도 없었다. 아내는 옆방에서 점점 더 크게 울었다. 나는 갈수록 마음이 아팠다. 그래서 아내에게 용서를 구했다.

시간이 좀 걸렸지만 어쨌든 아내는 나를 용서했고, 상황은 마무리되었다. 문제를 해결한 나 자신이 대견하기까지 했다. 내 방으로 돌아가 설교 준비를 마저 끝냈다. 그때 하나님께서 내게 하시는 말씀이 들렸다.

무슨 말씀을 하셨는지 말하기 전에 분명히 해두겠다. 나는 하나님께서 하시는 말씀을 언제나 아주 분명하게 듣지는 못한다. 그러나 이번에는 더없이 분명했다. 그분의 말씀이 내 삶을 바꿔놓았다.

'내가 너를 용서한다. 네 아내도 너를 용서했다. 그러나 네가 아내에게 뭐라고 말했는지 온 교회에 말해라.'

그때 나는 이렇게 생각했다.

'하나님, 그럴 수 없습니다! 하나님은 목회라는 게 뭔지 모르세요. 신학교에 가셔야겠어요! 그러면 곧바로 아시게 될 거예요. 목회는 그렇게 하는 게 아니라고요.'

나는 마음이 불편했다. 그래서 설교에 앞서 주제를 바꾸기로 했다. 용서 근처에도 가고 싶지 않았고, 내게 솔직하라고 요구하는 건 무엇이든 가까이하고 싶지 않았다.

설교를 시작했지만 도무지 제대로 되지 않았다! 전혀 두서가 없었다. 아무도 반응을 보이지 않았다. 누구도 내 설교를 따라오지 않았다. 그저 나를 멀뚱멀뚱 쳐다만 볼 뿐이었다.

나는 도무지 제대로 설교할 수가 없었다. 한 문장도 제대로 마무리할 수 없었다. 너무 힘들어서 설교를 중단하고, 곧바로 사람들을 향해 말했다.

"설교가 별로죠?"

모두가 일제히 "맞아요. 영 시원찮아요!"라고 대답하는 것처럼 보였다. 바로 그 순간, 나는 진실해지기로 했다. 성경을 덮고 숨을 깊이 들이마셨다. 아내가 맨 앞줄에 앉아 있었다. 내가 말했다.

"오늘 설교가 제대로 되지 않은 데는 이유가 있습니다. 아주 안 좋은 일이 있었거든요."

그러면서 아내와 싸운 일, 하나님의 음성을 들은 일을 세세하게 얘기했다. 그리고 아내를 쳐다보았다. 모든 사람들 앞에서 그녀에게 진심으로 용서를 구했다. 아내는 충격을 받았으나, 나는 하나님의 기름부음을 느꼈다.

마음을 열고, 정직하고, 진실하면 내 목회가 그날로 끝일 거라고 생각했다. 솔직히 회중 앞에서 하는 마지막 설교일 거라고 생각했다. 그런데 이상하게도 나는 그날 다시 태어났다. 다시 시작했다. 그때 일을 지금도 하나님께 감사한다. 다시는 척하지 않겠다고 그분께 약속했는데, 지금껏 힘써 지키고 있다.

진짜배기

'진실함'이 나를 비롯해 선택된 소수를 위한 게 아님을 깨닫는 게 중요하다. 그것은 또한 당신을 위한 것이다. 하나님께서는 우리 모두가 진실하길 원하신다. 우리가 하나님이 필요 없다고 생각하며 완벽하게 척하는 사람이기보다 엉망이지만 부드러운 마음을 가진 사람이길 원하신다. 그 누구에게든 하나님을 따르라고 하실 때, 그를 지을 때 계획하지 않은 다른 무엇이 되라고 요구하지 않으신다.

하나님의 아들 예수님이 가장 가까운 친구로 선택하신 사람들이 누군지 생각해보라. 종교 지도자나 유대교 엘리트가 아니라 어부와 보통 사람으로 구성된 촌티 나는 노동자 계층이었다. 예수님은 모두 갖춘 것처럼 보이는 사람이 아니라 진실하려는 사람을 원하셨다. 그분은 병든 자들, 상한 자들, 절망에 빠진 자들, 주린 자들, 상심한 자들을 위해 오셨다.

자기 삶에 문제가 없는 척하는 사람들은 예수님의 말씀을 듣고 싶어 하지 않았다. 진실하고 싶지 않기 때문이었다. 이들은 자신들이 모든 사람, 즉 하나님의 사랑과 자비를 의지하는 죄인들과 똑같다는 생각을 용납할 수 없었다.

예수님은 경건하셨다(하나님은 경건하시다). 그런데도 경건하지 못한 사람들이 그분 곁에 있길 좋아했다. 예수님은 거룩하셨다(하나님은 거룩하시다). 그런데도 거룩하지 못한 사람들이 그분과 함께하길 좋아했다! 그러나 스스로 경건하고 거룩하다고 생각하는 자들은 어떻게 했는가? 예수님을 미워했다! 어찌된 일인가? 어부들과 보통 사람들이 스스로 거룩하다고 생각하는 사람들과 함께하고 싶어 했는가? 절대 아니다.

초대교회는 진실한 사람들의 모임으로 유명했다. 사도행전 2장에서 베드로는 유대인들을 향해 지극히 담대한 메시지를 선포했다. 그들이 주님을 십자가에 못 박았다고 지적했다. 이것은 정말 대담한 행동이었다! 유대인들은 베드로의 말이 옳음을 깨달았고, 더없이 진실하게 반응했다.

그들이 이 말을 듣고 마음에 찔려 베드로와 다른 사도들에게 물어 이르되 형제들아 우리가 어찌할꼬 하거늘 행 2:37

그날 3천 명이 구원받았고, 초대교회가 탄생했다. 유대인들이 전통을 고수했다면 결코 그런 일이 일어나지 않았을 것이다. 유대인들은 진실했고, 이로써 세상이 바뀌었다! 이것은 시작에 지나지 않았다. 이들이 함께했던 삶도 진실하기는 매한가지였다.

날마다 마음을 같이하여 성전에 모이기를 힘쓰고 집에서 떡을 떼며 기쁨과
순전한 마음으로 음식을 먹고 하나님을 찬미하며 또 온 백성에게 칭송을
받으니 주께서 구원 받는 사람을 날마다 더하게 하시니라 행 2:46,47

이들을 묘사하는 표현을 보라. "모이기", "집에서", "기쁨과 순전한
마음", "온 백성에게 칭송을 받으니". 상상해보라. 성장하는 교회가
있다. 이 교회 성도들의 사랑과 순전함과 감사에 끌려 새신자들이 몰
려온다. 당신이라면 이런 교회에 다니고 싶지 않겠는가! 나도 당연히
이런 교회에서 목회하고 싶다. 내 어린 시절의 교회는 이렇지 않았다.
내가 다닌 신학교의 교수들은 이렇게 가르치지 않았다. 그러나 나는
이보다 못한 것에는 절대 안주하지 않기로 결심했다. 당신도 그래야
한다!

애들 장난

당신도 비슷한 교회에서 자라서 뭔가 잘못됐다는 걸 느꼈을지도
모른다. 사람들의 말과 찬양이 행동과는 영 딴판이다. 척하기를 알
아채는 데는 아이들이 선수다. 누가 진실한지 금세 감지한다. 주변의
어른들이 위선자일 때, 정확히 설명하지는 못해도 대번에 알아챈다.

나 자신이 하나님 앞에서 진실하고, 교인들도 그렇게 되도록 도우
려는 열정에서 나는 교회 아이들에게 특별히 관심을 쏟는다. 자신들

이 진실하고 하나님을 알 수 있음을 아이들이 배우길 바란다. 이들이 말뿐인 헛된 믿음이 아니라 행동하는 진정한 믿음을 보길 바란다.

최근에 주일 예배 후에 교회 로비에서 어떤 남자아이와 장난을 치고 있었다. 그 아이는 내가 무슨 말을 할 때마다 참지 못하고 까르르 웃었다. 그러기를 몇 분이 지났다. 아이가 내 엄지손가락을 잡아당기기에 아이와 장난을 조금 더 계속했다. 내가 아이를 나무라면 아이도 나를 나무랐다. 마침내 아이 아버지가 데리러 왔고, 아이는 곧바로 아빠를 향해 말했다.

"아빠, 이 아저씨 짱 좋아!"

순간, 모두 배꼽을 잡고 웃었다. 그러나 그날 차를 몰고 집으로 오는 길에 그 아이의 순수한 말이 머릿속을 떠나지 않았다.

아이는 그렇게 말해야 좋은지 그렇지 않은지 생각하고 말한 게 아니었다. 자신이 그렇게 말하면 내게서 무엇을 얻어낼 수 있을 거라 생각하고 말한 게 아니었다. 내가 고마워하면서 자신을 기억할 거라 계산하고 말한 게 아니었다. 아이는 그 순간 나오는 대로 말했을 뿐이었다. 아이는 어렸고 순수했으며 진실했다!

진실하기는 아이들에게 자연스럽다. 그래서 어른들이 진실하고 척하지 않을 때, 아이들은 대번에 알아챘다.

그러나 우리는 자라면서, 특히 오랫동안 그리스도인으로 살면서 조금씩 가면을 쓰기 시작한다. 안타깝게도 숱한 사람들이 갈수록 다른 사람들을 반기고 그들에게 관심을 쏟는 게 아니라 매력을 좀체 찾기 어려운 그리스도인이 되어간다. 척하기가 이들의 기본 설정이 된다.

진실함이 너무나 무섭고 공격받기 쉬우며 불안한 것이 되어간다. 그 결과로 어린아이 같은 믿음을 잃는다. 지금쯤 당신은 내가 척하는 사람들에게 지나치게 엄하다고 생각할지 모른다. 예수님이라면 이렇게 느끼지 않으셨을 거라 생각할지 모르겠다. 정말 그렇게 믿는다면 신약성경을, 특히 예수님이 당시 종교 지도자들과 나누신 대화를 다시 읽어보기 바란다.

예수님은 주변의 바리새인들과 율법학자들의 척하기를 지적하는 데 많은 시간을 들이셨다. 이들이 주목하도록 거듭하여, 일관되게 거친 언어를 사용하셨고, 대놓고 과감하게 이들과 대립하셨다.

마태복음 23장을 펴서 확인해보라. 예수님이 바리새인들을 비롯한 종교 지도자들과 나누신 대화다. 다 읽고 나면 내 접근 방식이 너무 물렁하다고 생각할지 모르겠다!

이제 예수께서 제자들과 그 곁에 함께 모인 무리를 보시며 말씀하셨다. "종교 학자와 바리새인들은 하나님의 율법에 관해서라면 유능한 교사들이다. 모세에 관한 그들의 가르침을 따른다면 너희는 잘못될 일이 없을 것이다. 그러나 그들을 따르는 것은 조심하여라. 그들이 말은 잘하지만, 그 말대로 살지는 않는다. 그들은 그것을 마음에 새겨 행동으로 옮기지 않는다. 모두 겉만 번지르르한 가식이다 마 23:1-3, 메시지

이들 종교 학자와 바리새인들도 처음에는 진실하려고 하지 않았을까? 그러나 머잖아 우리의 종교 문화를 쉽게 침범할 수 있는 정치와

척하기에 사로잡히지 않았을까 싶다. 이들은 그 누구보다 낮게 되는 데 몰두한 나머지 진실해지는 법을 잊어버렸다.

진실을 말하라

당신은 자신이 어떤 사람이며 무엇을 붙잡고 싸우는지에 관해 진실할 수 있다고 느끼는가? 자신이 살면서 숱한 실수를 했다고 느끼는가? 엄청나게 큰 실수들도 했다고 느끼는가? 자신이 완벽하다고 생각하는 사람들은 "그다지!"라고 답할지도 모른다.

당신이 스스로를 완벽하다고 생각한다면 대부분의 사람이 십중팔구 당신 곁에 있고 싶어 하지 않을 것이다. 당신도 자신 곁에 있고 싶지 않을지 모른다. 당신에게 문제가 없다고 생각한다면, 그것이 당신의 문제다!

스스로 완벽하다고 생각하는 사람과 부부로 살기란 쉬운 일이 아니다. 그런 사람과 함께 일하거나 친구로 지내기도 쉽지 않다. 이런 까닭에 스스로 완벽하다고 생각하는 사람들은 자신에게, 그리고 모두에게 끊임없이 이것을 증명하려 든다. 그러려면 엄청난 에너지가 소모된다.

하루를 마무리할 때, 이들은 기진맥진하지만 왜 그런지조차 모른다. 남들을 모두 속이는 과정에서 자신을 가장 잘 속였기 때문이다. 마음 깊은 곳에서 우린 모두 자신이 완벽하지 않다는 사실을 안다. 그러므로 연극을 계속하려면 속임수에 통달해야 한다.

거짓말한 적이 있는가? 뻔뻔스러운 거짓말이었는가? 누군가에게 적나라한 진실이 아닌 속임수를 심어주려 했던 적은 없는가? 어떤 형태든 의도적인 속임수는 거짓말이다! 그래도 "아니오!"라고 대답한다면 바로 지금 자신에게 거짓말하고 있을 가능성이 높다. 당신이 애당초 왜 이 책을 집어 들었는지 생각해보고 싶을지도 모르겠다!

하나 더 묻겠다. 뭔가 훔친 적이 있는가? 직장에서 볼펜 한 자루나 종이 한 장도 집에 들고 온 적이 없는가? 돌려줄 요량으로 빌렸으나 지금도 자신의 책장에 그대로 꽂혀 있는 책은 없는가? 어렸을 때는 어땠는가? 하나님을 자기 삶의 중심에서 밀어내고 그 자리에 돈이나 성공이나 새 보트나 더 좋은 집이나 승진을 앉힌 적이 있지는 않은가?

당신은 질질 끌지는 않는가? 잠시 멈추어 생각해보라. 당신은 방금 자신이 거짓말쟁이요, 도둑이요, 우상숭배자라고 시인했다. 결국 자신이 질질 끄는 자라고 인정해야 할지도 모른다. 진실하기에 관한 책을 시작하는 아주 좋은 방법이라고 생각하지 않는가?

사실 나도 당신과 다를 게 없다. 살면서 숱한 실수를 저질렀고, 이 책에서 그중 많은 실수를 직접 밝힐 것이다. 내가 부모로서 저지른 실수뿐 아니라 결혼생활에서 저지른 실수까지도! 사실, 아내와 나는 자녀양육에 관해 배운 게 있다. 부모는 자녀양육에서 아무리 좋은 의도를 갖고 있더라도 여전히 실수한다는 것이다.

내 아들은 여섯 살 때 교회에 가서 만나는 사람마다 자신이 목사 아들이라고 말하고 다녔다. 그러면 주일학교에서 과자를 더 받을 수 있기 때문이었다. 아내가 아들을 타일렀다.

"아들, 이러면 안 돼. 교회에서 뭐든 더 받으려고 목사 아들이라고 얘기하고 다니지 마라. 알았지? 그냥 '저는 타너예요!'라고 해. 더 말할 필요 없어. 엄마 말 알겠지?"

아들은 "네, 엄마!"라고 대답했다.

그다음 주일에 교회에서 한 부인이 그에게 물었다.

"너 혹시 목사님 아들 아니니?"

타너는 잠시 자신의 딜레마를 생각하더니 이렇게 대답했다.

"저는 그렇다고 생각하는데요, 우리 엄마는 아니랬어요."

표 류

내 아들과 달리 대부분은 진실을 뒤틀 때, 스스로가 이를 너무나 잘 안다. 우리는 자신을 최대한 좋게 보이도록 진실을, 또는 적어도 그 일부를 의도적으로 재배치하려 한다. 좋은 의도로 시작하지만 자신을 보호하거나 자신이 좇는 바를 얻으려고 결국 진실을 뒤틀고 만다.

사소한 하얀 거짓말과 반쪽짜리 진실이 모여 곧 생활방식이 된다. 살아가면서 자신의 길을 조작하게 되면 하나님을 향해 출발했어도 결국 표류하게 된다. 아주 미세한 어긋남이 진실하려는 본래 의도에서 우리를 점점 멀어지게 한다.

나른한 여름 오후, 물 위에 한가롭게 떠 있어 보았는가? 햇볕을 쬐는 데 이것보다 느긋한 방법도 없다. 우리 가족은 해변으로 휴가가길 좋아한다. 아이들이 어릴 때부터 가장 즐겨 찾는 휴가지는 플로리다의 데스틴 해변이다. 우리는 고무보트나 부기보드(누워서 타는 서프보드)에 올라 함께 파도타기를 즐기곤 한다.

오래 전, 우리는 여느 때처럼 물 위에 떠 있었다. 30분쯤 지났을 때, 해변 쪽으로 고개를 돌려 우리 의자와 파라솔을 찾았으나 찾을 수 없었다. 그대로인 게 하나도 없었다. 해변에는 아무것도 보이지 않았다. 마치 전혀 다른 해변에, 모든 게 익숙하지만 전혀 알아볼 수 없는 곳에 와 있는 것 같았다. 우리는 떠내려 왔던 것이다! 물에서 신나게 노는 동안 눈치 챌 틈도 없이 해류에 떠밀려 전혀 뜻하지 않은 곳에 와 있었다.

표류는 언젠가, 누구에게나 일어날 수 있다. 하나님과 진정한 관계에 단단히 닻을 내리지 않으면 물 위를 떠다니는 나무토막처럼 계속 이리저리 떠밀리게 된다. 최초의 커플도 결국 자신들이 계획하지 않은 곳에 이르고 말았다. 아담은 하와를 처음 보자마자 그녀의 아름다움에 반해 사랑에 빠졌다. 이들은 잘 살았다!

아담은 집에 늦게 들어오는 법이 없었다. 하와는 저녁식사를 태운 적이 없었다. 아담은 세상에서 가장 잘생긴 남자였고 하와는 세상에서 가장 아름다운 여자였다. 둘 사이에는 부부 갈등도, 말썽부리는 자식도 없었다. 처리해야 하는 청구서도, 쇼핑몰도 없었다. 완벽했다! 인척도, 옷도 없었다. 이들은 행복했다!

하지만 우리는 그들의 이야기가 어떻게 끝나는지 알고 있다. 성경은 이들이 수치와 두려움으로 가득하게 되었다고 말한다. 창세기 3장 10절에서 아담은 하나님께 "내가 동산에서 하나님의 소리를 듣고 내가 벗었으므로 두려워하여 숨었나이다"라고 말한다.

이들은 어리석은 짓을 저지른 후, 사람들이 죄를 지었음을 깨달았을 때 흔히 취하는 짓을 했다. 숨어버린 것이다. 그 후, 척하기 시작했다. 당혹스러웠고 수치스러웠다. 그러나 하나님께 진실하려는 대신 모든 걸 덮어버리려고 했다. 저녁 서늘한 때에 하나님과 동산을 거닐던 일을 뒤로 하고 숨었으며, 서로를 탓했다. 이들은 벗었으나 부끄러움을 모르던 순수함을 잃고 자신들이 하나님께 불순종했다는 진실을 숨기려고 무화과나무 뒤에 웅크렸다.

털어놓기

우리의 첫 조상 아담과 하와처럼 우리는 완전히 진실해지는 능력을 잃었다. 우리의 상황은 더 복잡하고, 우리의 무화과나뭇잎에는 디자이너의 라벨이 붙어 있을지 모른다. 그러나 우리는 여전히 똑같은 짓을 한다. 숨고, 거짓말을 하고, 진실을 감춘다. 우리는 진실하지 못하다.

그러나 이렇게 살지 않아도 된다! 당신이 숨기를 그치고 저녁 서늘한 때에 그분과 함께 거닐 수 있도록 예수님이 엄청난 값을 지불하셨다. 우리가 수치, 척하기, 숨기, 탓하기 같은 행동에 매달리는 까닭은 그리스도께서 주신 선물에 무엇이 포함되어 있는지를 잊어버리기 때문이다.

한편으로 우리는 우리에게 그분이 있다는 사실을 안다. 여기에는 아버지께 나아가기, 그분의 인자와 자비도 포함된다. 그러나 다른 한편으로 우리는 모든 순수를 잃고 에덴동산에서 쫓겨난 아담과 하와처럼 행동한다. 이들은 곧 가능해질 대속(代贖)을 알지 못했다.

그러나 예수님은 하나님과 친밀해지는 길을 다시 여셨다. 우리는 더 이상 자기 노력과 수치스런 은폐의 덫에 허우적대지 않아도 된다. 그러나 만일 그리스도로 인해 하나님께서 우리의 삶에 다가오시도록 허락하지 않을 때면 덫에 빠진다.

참 마음과 온전한 믿음으로 하나님께 나아가자 히 10:22

우리가 하나님께 진실하게 나아갈 때, 우리에게 가까이 다가와 사랑하는 자녀로 붙들어주신다.

진실해지는 과정에서 우리를 그분께로 바싹 이끄실 뿐더러 우리를 위하는 친구들을 곁에 두신다. 정도는 다르지만 내게는 진실을 말해주는 훌륭한 친구가 많다. 그러나 그중에서 크리스 호지스와 나의 형제 랜디 비젯은 절대 없으면 안 되는 친구다. 이들이 나를 점검하고, 나도 이들을 점검한다.

각자의 삶에서 일어나는 일에 관해 우리는 서로 정직하다. 이 둘은 나를 아주 잘 안다. 그래서 내가 방에 틀어박혀 있으면 뭔가 안 좋은 일이 있음을 대번에 알아채고는, 불러낸다. 친구가 있다는 게 얼마나 중요한지는 나중에 더 말하겠다. 여기서는 친구가 있다는 게 아주 중요하다는 걸 우선 알리고 싶다.

당신도 시작은 제대로 했으나 어쩌다가 결국에 척하는 처지가 되었는지도 모른다. 그렇다면 이 책이 당신의 전환점이 되길 바란다. 자신을 정직하게 성찰하길 바란다. 모두에게 모든 것이 되려고 애쓰는 과정에서 정작 자신을 잃음으로써 삶이 산산조각 났다고 느끼는 일이 없길 바란다.

하나님께 더 많은 공간을 내드릴수록, 관계에서 두려움 없는 삶이 사람들의 인정에 중독된 삶보다 훨씬 즐겁다는 걸 알게 될 것이다. 자신이 있는 바로 그 자리에서(그리고 그들이 있는 바로 그 자리에서) 사람들과 관계를 가질 때, 자신에게 있는지도 몰랐던 용기를 발견할 것이다. 숨고, 들키며, 다시 숨는 악순환의 고리를 끊게 될 것이다. 하나님은 진실하고 자유하도록 당신을 지으셨다!

Be Real

2

진실하려는 몸부림

뒤돌아보지 말고, 한눈팔지 말라

5년 전쯤, 주일 예배를 마친 후에 정말 특별한 일이 일어났다. 우연히도 내가 설교를 하지 않는 주일이었다. 그래서 여유롭게 예배를 드린 후에 교인들과 담소를 나누고 있는데, 눈에 확 띄는 남자가 내게 다가왔다. 마치 우는 것 같은 표정을 짓는 그 남자 뒤로, 아내와 두 아이가 서 있었다. 다들 심상치 않은 표정이었다.

그는 이름도 말하지 않은 채, 전날 밤 아이들이 보는 앞에서 아내를 거세게 밀쳤다고 고백했다. 그 한마디가 그들의 긴장된 표정과 내리깐 눈을 설명해주었다. 그는 감당 못할 만큼 몸을 떨면서 목소리를 낮추더니 속삭이듯 물었다.

"저 같은 사람도 이 교회에 받아주시겠습니까?"

나는 말을 잃고 한동안 그 남자를 쳐다보았다. 그러고는 뒤에 선 그의 아내를 보았다. 그녀가 나를 쳐다보는 눈빛은 마치 "예'라고 해주면 좋겠어요"라고 간절히 말하는 것 같았다. 물론 나는 그렇게 대답했다.

뒤이어 몇 주 동안, 이 가족은 어느 누구보다 적극적으로 예배에 참석했다. 이들은 삶과 결혼생활과 가정에서 하나님의 치유를 서서히 경험하기 시작했다. 이들은 지금도 매주 활짝 웃으며 예배를 드린다. 그의 아내는 그때 일을 떠올리며 여러 차례 고마워하곤 한다.

씨름 한 판

사실 나는 괜찮은 목사이자 정직한 그리스도인이라면 누구나 할 법한 일을 했을 뿐이다. 자기 가정을 회복시킨 장본인은 정직하고 진실하기로 결정한 그 남자였다. 그의 용기는 내가 여러 해 동안 주장했던 것들을 증명해 보여주었다. 진정한 변화는 대개 불편하거나 고통스러운 상황, 즉 다른 어떤 방법도 소용없어 하나님 앞에서 진실할 수밖에 없는 상황의 결과로 일어난다!

이런 전환점이 성경 이야기에 숱하게 나오는데, 그중에서도 늘 속이는 삶으로 유명한 사람에게서 가장 분명하게 나타난다. 창세기에는 고집 센 아이, 야곱이 등장한다. 그가 고집이 세다는 걸 어떻게 아냐고? 성경은 야곱과 그의 쌍둥이 형 에서가 어머니 뱃속에 있을 때부터 서로 싸웠다고 말한다(창 25:22). 어떻게 형제끼리 태어나기도 전에 싸울 수 있냐고? 나는 정확히 알지 못한다. 그러나 성경은 에서가 먼저 태어난 후 야곱이 그의 발꿈치를 잡고 나왔다고 말한다(창 25:26).

야곱은 동생으로 태어났다. 유대 문화에서 유산, 총애, 축복은 늘 맏아들의 몫이었다. 그래서 야곱은 화가 났다. 자신은 아버지의 유산을 물려받을 자격이 충분하다고 생각했다. 야곱만 그랬던 게 아니다. 성경에 따르면, 어머니 리브가는 야곱을 편애했고, 그가 스스로 일을 추진할 자격이 있다고 느끼게 할 만큼 아들을 망쳐놓았다.

어머니의 부추김에 힘입어 그는 아버지를 속여 형에게 돌아갈 축복을 가로챌 계략을 꾸몄다. 그것은 어느 정도 성공했다. 야곱은 자신이 원하던 바를 얻었다. 그러나 그 대가를 기억하는가? 늙고 불쌍하며 눈먼 아버지를 속인 대가, 쌍둥이 형을 화나게 하고 그와 멀어진 대가는 무엇이었는가?

야곱은 늘 원하는 걸 얻기 위해 싸웠다. 그러나 자신이 원한다고 생각했던 바를 얻었을 때도, 그의 삶은 여전히 통제 불능이었다. 심지어 신혼 첫날밤도 기묘했다. 자고 일어나니 엉뚱한 여자의 남편이 되어 있었다! 감당할 수 없는 현실이었다. 야곱의 삶은 엉망이었고, 형제 관계는 더 엉망이었다.

그러나 그에게는 희망이 있었다. 이런 엉망인 상황에서도, 하나님께서 자신을 버리지 않으셨다는 사실을 알게 되었다. 아주 흥미롭게도, 야곱과 에서가 20년 만에 재회하기 직전에 이상한 일이 벌어졌다. 야곱은 에서를 대면하기가 두려워 아내와 아이들을 먼저 보내고 혼자 뒤에 남았다. 그러나 하나님은 그 순간을 놓치지 않고 특별한 일을 행하셨다. 창세기 32장에 이상한 씨름 장면이 나온다.

야곱은 홀로 남았더니 어떤 사람이 날이 새도록 야곱과 씨름하다가 자기가 야곱을 이기지 못함을 보고 그가 야곱의 허벅지 관절을 치매 야곱의 허벅지 관절이 그 사람과 씨름할 때에 어긋났더라 그가 이르되 날이 새려하니 나로 가게 하라 야곱이 이르되 당신이 내게 축복하지 아니하면 가게 하지 아니하겠나이다 그 사람이 그에게 이르되 네 이름이 무엇이냐 그가 이르되 야곱이니이다 그가 이르되 네 이름을 다시는 야곱이라 부를 것이 아니요 이스라엘이라 부를 것이니 이는 네가 하나님과 및 사람들과 겨루어 이겼음이니라 야곱이 청하여 이르되 당신의 이름을 알려주소서 그 사람이 이르되 어찌하여 내 이름을 묻느냐 하고 거기서 야곱에게 축복한지라 그러므로 야곱이 그곳 이름을 브니엘이라 하였으니 그가 이르기를 내가 하나님과 대면하여 보았으나 내 생명이 보전되었다 함이더라 창 32:24-30

변화는 흔히 불편이나 이런저런 문제에서 시작된다. 사실 그 문제는 갑작스레 일어난 일이 아닐지도 모른다. 한동안 우리 주변에 있었으나 긴장이 고조된 순간 겉으로 드러났을 뿐이다. 대부분 하룻밤 사이에 일어나지 않는다. 그게 내 경험이다.

얼마 전, 한밤중에 휴대폰이 울렸다. 나는 더듬대며 휴대폰을 찾아 전화를 받았다.

"누구세요?"

"릭 목사님, 저희가 심각한 문제에 직면했습니다! 모든 게 엉망입니다!"

"무슨 일이시죠?"

내가 물었다. 나는 이렇듯 갑작스런 전화를 받는 데 익숙하다.

"저희 부부 문제입니다. 아주 안 좋습니다!"

그는 감정에 복받쳤다.

"어떻게 된 건가요? 얼마나 오래 되었나요?"

"처음부터예요. 23년쯤 됐습니다."

나는 전화기를 쳐다보며 말했다.

"그랬군요! 부부 사이에 아주 오랫동안 문제가 있었는데, 이 야밤에 전화를 하신 거네요? 아침까지 기다리면 안 될까요? 전화를 끊고 좀 주무세요!"

그러나 이게 우리의 모습이다! 우리는 한계점에 이르러서야 문제를 해결해줄 마법의 약을 찾는다. 우리에게 해답이 없음을 깨닫고는 갑자기 하나님의 도움을 필사적으로 구한다. 때로 그 무엇보다 그분이 필요한 위기 상황에 처한다. 우리가 옴짝달싹 못하고 그 어디로도 향할 수 없는 순간에 하나님이 가장 멋지게 일하실 때가 많다.

공을 넘겨라

자기 힘으로 바꿔보려고 애쓰다 탈진했을 때, 흔히 야곱처럼 하나님과 씨름한다. 어떤 사람들은 야곱이 누구와 씨름했느냐를 두고 논쟁하려 하지만, 성경은 분명하게 말한다.

> 야곱은 모태에서 그의 형의 발뒤꿈치를 잡았고 또 힘으로는 하나님과 겨루되 호 12:3

우리가 하나님과 겨뤄야 한다는 뜻이 아니다. 우리는 옆으로 비켜나 하나님이 우리의 삶에서 하시려는 일에 저항하길 그쳐야 한다. 만일 당신이 그분이 하시려는 일에 맞서 싸운다면, 당신은 가장 큰 갈등에 봉착하게 될 것이다.

길거리 농구를 하는데 세계적인 프로 농구선수인 르브론 제임스
(LeBron James)가 당신 팀이라면 한마디 조언하겠다. 공을 독점하지
말라! 공을 르브론에게 넘겨라. 그는 정말 뛰어난 선수다. 방해되지
않도록 비켜서서 그의 실력을 지켜보라.

마찬가지로 하나님의 솜씨도 정말 대단하시다는 사실을 기억해야
한다. 성경은 하나님께서 뼘으로 하늘을 재셨다고 말한다(사 40:12).
그러나 우리는 슛을 그분에게 넘기는 대신 공을 독점한다. 모든 슛
을 다 던지려 들고, 혼자 다 하려 애쓴다. 그러다가 위기가 닥치면 어
떻게든 해결해보려 버둥댄다. 멈추어 귀를 기울이기만 하면 하나님의
음성이 들릴 것이다.

"슛은 내가 쏠게. 내가 슛 성공률이 아주 높거든. 한 번 확인해볼
래?"

그러나 우리는 고집을 부린다.

"아뇨, 안 돼요. 이번에도 내가 쏠 거예요. 여기서는 내가 스타라니
까요!"

교만이다. 이런 모습이 야곱에게도 나타난다. 씨름할 때 야곱은 지
길 거부했다. 그는 어떻게 사기치고 거짓말하며 속여서 상황을 자신
에게 유리하게 바꿀지 궁리하며 평생을 살았다. 그러다가 제대로 된
적수를 만났다. 상대는 말도 안 되는 그의 고집을 그냥 두려 하지 않
았다. 상대는 야곱을 그 자신보다 더 잘 알았다.

대부분의 씨름(레슬링)은 상대를 쓰러뜨려 항복을 받아내는 데 목
적이 있다. 그러나 하나님과 씨름해서는 이기지 못한다. 적어도 우리

가 생각하는 전형적인 승리를 거둘 수 없다. 하나님께서는 우리를 이기시려는 게 아니다. 그분이 우리 안에서 무엇을 할 수 있는지 일깨우려 하신다. 당신이 야곱처럼 하나님께 저항할 때, 사실 하나님이 아니라 자신과 싸우고 있다는 사실을 명심하라.

축복을 위한 싸움

성경은 야곱이 씨름에서 이길 수 없었다고 말한다. 분명히 하나님은 단번에 야곱을 쓰러뜨리실 수도 있었다. 그러나 무엇인가를 기다리고 계셨다. 나는 하나님이 당신을 있는 그대로 사랑하신다고 수없이 말했다. 사실이다. 하나님은 당신을 그렇게 사랑하신다!

그러나 당신을 너무나 사랑하시기에 그대로 머물게 내버려두지 않으신다. 당신이 그분을 우선순위에 두고, 거룩하고 깨끗하게 살길 원하신다. 당신을 바꾸고 싶어 하신다. 더 자라고, 나아지고, 달라져서 마땅히 되어야 할 사람이 되도록 돕고 싶어 하신다.

그래서 위기를 허락하신다. 당신이 스스로 선택하고 당신의 방식으로 이런저런 일을 하도록 허용하신다. 왜 그러시는가? 우리는 변화에 대한 두려움보다 고통이 더 커지기 전에는 좀처럼 변하지 않기 때문이다. 빛이 보일 때는 달라지지 않는다. 뜨거움을 느낄 때에야 비로소 달라진다. 당신은 선택해야 한다. 포기할 수도 있고, 멍청한 짓을 할 수도 있으며, 온 힘을 다해 하나님을 붙잡을 수도 있다.

하나님을 붙잡을 때, 우리는 절망에 굴복하길 거부한다. 해답에 몰두한다. 자신의 방식으로는 이길 수 없음을 깨닫고, 마침내 절망을 신앙심으로 바꿀 준비를 한다. 하나님의 능력을 놓칠까 두려워 "하나님이 내게 길을 보여주실 때까지 붙잡고 놓지 않을 거야!"라고 말한다.

야곱이 이렇게 했다. 성경은 말한다.

"그가 이르되 날이 새려 하니 나로 가게 하라 야곱이 이르되 당신이 내게 축복하지 아니하면 가게 하지 아니하겠나이다"(창 32:26).

야곱은 여기서 항복하면 축복을 놓친다는 걸 알았다. 여기에 문제가 있다. 많은 사람이 하나님과 관계를 추구하지 않는다. 그분이 우리가 원하는 걸 주시리라 기대한다. 하나님을 그분의 방식대로 알려고 하지 않는다. 그래서 하나님을 향하는 대신에 계속 우리의 방식을 고집한다.

그 결과, 많은 사람이 지치고 고단해진다. 우리 속에서 새 일이 전혀 일어나지 않는다. 우리는 숱한 야망과 목표를 품고 살아간다. 나는 우리 교인들의 행동 패턴에 깜짝 놀랄 때가 있다. 이들의 저돌적인 목표에 놀라고, 그것을 추구하는 방식에 놀란다. 일찍 일어나 늦게까지 일한다. 죽기 살기로 일한다! 그러나 이들의 삶에 하나님을 위한 자리가 별로 없다.

야곱은 하나님과 씨름하면서도 여전히 저돌적으로 행동했다. 다만 그가 추구하는 것은 축복이었다! 바로 이곳이 당신이 있어야 하는 자리다. 하나님은 이렇게 말하는 사람을 찾고 계신다.

"하나님, 저를 축복하실 때까지, 당신이 제 삶의 일부가 되실 때까지 절대 당신을 놓지 않을 것입니다."

왜 하나님께서 씨름을 계속하시는가? 당신의 삶에 위기가 있을 때, 이따금 곧바로 해결해주지 않으신다. 한동안 계속되도록 두신다. 당신이 진심인지, 그분의 해결책을 받아들일 준비가 되었는지, 정말로 거기서 뭔가를 얻길 원하는지 알아보고 싶어 하신다. 될 대로 되라는 식의 유치한 변덕인가, 아니면 진실하고 깊은 바람인가?

하나님은 헌신된 자를 찾으신다. 무슨 일이 있더라도 초점과 신경을 그분께 줄곧 집중하며 축복을 받을 때까지 포기하지 않고 싸우려는 사람 말이다. 저돌적인가? 그렇다! 새로운 방향으로, 하나님을 향해서만 그렇다. 야곱은 개인적 목표와 야망 추구를 향해서가 아니라 하나님을 향해 저돌적이었다!

자신이 누구라고 생각하는가

야곱과 하나님의 씨름 다음에 일어난 일에 주목하라.

"그 사람이 그에게 이르되 네 이름이 무엇이냐"(창 32:27).

하나님께서는 야곱의 이름을 이미 알고 계셨던 게 분명하다. 따라서 이 질문은 매우 이상하다!

왜 군이 이름을 물으셨을까? 고대 문화에서는 그 사람의 성품(character)을 따라 이름을 지었다. 이름은 그 사람의 본질에 기초한 것으로, 그가 어떤 사람이냐를 나타냈다. 그러므로 실제로 야곱에게 하신 질문은 이것이었다.

"네 성품이 무엇이냐? 너는 누구냐? 네 마음 중심에서 너는 어떤 사람이냐?"

야곱 스스로 자신이 누군지 실토해야 한다는 걸 아셨다. 옛 야곱이 자신과 하나님께 진실을 실토하고 인정해야 할 때였다. "야곱이니이다"라는 그의 대답은 실제로 이렇게 말한 것과 같다.

"좋습니다. 어떻게 된 일인지 말씀드리지요. 제가 누군지 말씀드릴게요. 저는 속이는 자입니다. 평생 거짓말쟁이로 산 협잡꾼입니다."

야곱은 사실을 인정하고 있었다. 그는 그간 모두를 속였다. 눈먼 아버지를 속였다. 형을 속여 형이 받아야 마땅한 축복을 가로챘다. 장인과 아내를 이용해 먹었다. 그는 대단한 협잡꾼이었다. 진실과 맞서 싸우는 자였다. '야곱'이었다.

당신의 성품 중에서 가장 큰 약점으로 이름을 지어야 한다면, 당신은 어떻게 불리겠는가?

"안녕하세요? 저는 탐욕입니다."

쓴 뿌리(응어리)는 어떤가? 분노, 통제 불능, 울화통, 욕정, 이용꾼은 어떤가?

"안녕하세요? 저는 낙담입니다."

"저는 소심함입니다."

"저는 두려움입니다."

"저는 뒷담화입니다."

여기서 당신과 야곱의 모습이 겹쳐지기 시작한다. 당신은 씨름하고 있다. 하나님께서 당신을 쓰러뜨리셨다. 그러나 당신은 그분이 일하실 도구를 내드려야 한다.

당신의 삶에서 잘못된 것은 무엇인가? 당신의 성품과 행동과 결정을 토대로 볼 때, 지금껏 어떤 사람이었는가? 실제로 하나님과 관계를 가질 수 있는 지점에 이르려면 벌어지는 일에 대해 정직해야 한다. 우리가 정직할 때, 그분이 우리를 바꾸시기 때문이다.

더는 은밀한 정체가 아니다

야곱은 정직했고, 선한 싸움을 절대 포기하려 하지 않았으며, 그 결과로 새 이름을 얻었다. 더불어 새 신분을 얻었다.

"그가 이르되 네 이름을 다시는 야곱이라 부를 것이 아니요 이스라엘이라 부를 것이니 이는 네가 하나님과 및 사람들과 겨루어 이겼음이니라"(창 32:28).

하나님께서 야곱에게 말씀하셨다.

"그래, 너는 내게 정직했고 자신이 누군지 인정했으니, 내가 너에게 새 이름과 새 신분을 주겠다."

하나님께서는 야곱의 전부를 아셨다. 그의 거짓말, 속임수, 거짓말하려는 모든 생각을 다 아셨다. 그러나 이것이 진짜 야곱은 아니라는 것도 아셨다. 그의 전부가 아니라는 걸 아셨다. 그분이 야곱을 지으셨기 때문이다.

당신이 아무리 엉망이라도, 하나님께서는 당신의 삶을 돌이키실 수 있다. 하나님은 야곱의 이름을 아셨다. 당신의 이름도 아신다. 당신의 단점과 장점을 아신다. 당신이 자신을 누구라고 생각하는지, 진짜 누군지도 아신다.

그러나 당신은 하나님이 일하실 도구를 내드려야 한다. 그것은 바로 '정직'이다. 우리는 마음을 열고 정직하고 진실하게 자신의 죄와 약점과 인격적 결함을 자신과 하나님과 사람들 앞에서 인정해야 한다. 그러기 전에는 결코 달라질 수 없다.

스스로 변하려고 노력하다 실패해 탈진했는가? 축복을 받기 전에는 포기할 생각이 없는가? 그렇다면 실토하라. 변명과 합리화와 정당화와 핑계를 그쳐라. 하나님께 나와 말하라.

"하나님, 제 삶의 약하고 추하며 정직하지 못하고 잘못된 부분을 고백합니다."

당신이 하나님께 나와 "이게 바로 제 진짜 모습입니다"라고 고백해도 그분은 놀라지 않으신다. 당신은 거짓말쟁이일는지 모른다. "저는 포르노에 중독되었습니다!"라고 고백해야 할지도 모른다. 심각한 분노 조절 장애가 있고, 사람들에게 상처 주는 데 진저리가 났을지 모른다. 당신에게 아무도 모르는 은밀한 수치나 과거가 있을 수도 있다.

하나님은 말씀하신다.

"이봐, 네가 누군지 내게 말해. 그러면 내가 너를 바꿀 수 있어! 그러나 먼저 네가 진실을 말해야 해. 네가 누군지 인정해야 한다고."

당신 자신에 관해 무엇을 인정해야 하는가? 당신 자신에 관한 진실과 언제 마주하겠는가? 다음 빈 칸을 채워라.

"나는 ＿＿＿＿＿＿＿＿＿＿ 이다."

이것은 당신을 비참하고 불편하게 만들 뿐인가? 아니다! 당신이 자신에 관해 진실을 말하고(기억하라. 하나님께서는 이미 아신다!) 빛을 볼 수 있게 하기 위한 것이다. 그분은 당신을 너무나 사랑하시기에 당신을 지금 그 자리에 그대로 두실 수 없다. 그러나 당신이 현재 자리에서 나오려면 자신이 어디 있는지 알아야 한다.

새 이름

하나님께 진실해졌을 때, 야곱은 완전히 새로운 신분을 얻었다. 하나님이 이렇게 말씀하셨다.

"네 이름은 야곱, 협잡꾼이었다. 그게 예전의 너였다. 더는 너를 그렇게 부르지 않겠다. 이제 너를 '이스라엘'이라 부르겠다."

새 이름은 '하나님과 함께하는 왕'(Prince with God)이란 뜻이다. 누군가와 씨름을 하려면 단단히 붙어 있어야 한다. 하나님께서는 이렇게 말씀하셨다.

"네가 어리석은 짓을 했다는 걸 안다. 네가 속인다는 것도 안다. 그러나 네게서 다른 모습을 본다. 모든 속임과 애씀과 경쟁 이면에는 그 누구도 알길 바라지 않는 네 모습이 있다. 나는 내 복을 받으려고 날 꽉 붙잡은 자를 본다."

성경에서 하나님이 이름을 바꿔주신 사람은 야곱만이 아니다. 아브람을 아브라함으로, 사래를 사라로, 시몬을 베드로로, 사울을 바울로 바꿔주셨다. 그분의 자녀들에게 그들이 정말 누구인지, 즉 그들이 누구였다거나 스스로 누구라고 생각하느냐가 아니라 그들의 참모습을 보여주길 좋아하신다. 우리 자신이 정말 누구인지 알 때, 진실하기란 그리 어렵지 않다.

절룩이며 이끌다

야곱은 새 신분과 더불어 축복도 받았다. 하나님이 야곱의 고백에 어떻게 사랑과 은혜로 답하셨는지 보라.

야곱이 청하여 이르되 당신의 이름을 알려주소서 그 사람이 이르되 어찌하여 내 이름을 묻느냐 하고 거기서 야곱에게 축복한지라 그러므로 야곱이 그곳 이름을 브니엘이라 하였으니 그가 이르기를 내가 하나님과 대면하여 보았으나 내 생명이 보전되었다 함이더라 창 32:29,30

당신이 하나님을 대면할 때, 그분은 당신을 축복하신다. 하나님께서는 야곱에게 그의 경험을 떠올리게 하는 것도 주셨다. 이 경험은 그 인생의 전환점이었기에 절대 잊지 않길 바라셨다! 그래서 씨름 중에 야곱의 엉덩이뼈를 어긋나게 해 그에게 약점을 남기셨다(창 32:31). 남은 평생, 야곱은 절룩거렸다.

이 절룩거림의 의미는 무엇인가? 이로써 그가 평생 계속해왔던 달음질이 중단되었다. 야곱의 생애를 조금이라도 안다면 그가 부단히 문제를 일으키고 거기서 달아났다는 것도 알 것이다. 그러나 하나님은 말씀하셨다.

"내가 그것을 멈출 수 있다. 내가 너로 절룩이게 하겠다. 너는 절대로 다시는 달아나지 못할 것이다."

야곱과 하나님의 만남을 일깨우는 상징은 그가 결코 이전과 똑같이 걷지 못하리라는 뜻이었다.

하나님의 뜻은 결코 당신이 문제를 피해 달아나는 게 아니다. 문제는 계속 나타날 것이다. 그분은 당신의 삶을 안락하게 만드시는 것보다 당신의 성품을 바꾸는 데 더 관심을 두시기 때문이다. 당신이 정말로 하나님을 만날 때, 걸음걸이가 바뀐다. 하나님처럼 큰 분을 만나면 자신이 달라져야겠다는 바람을 품지 않을 수 없다.

하나님께서 당신의 삶에서 가장 깊숙이 일하실 때는 바로 당신을 고치시는 순간이다. 그분이 보시는 방식으로 자신을 볼 때, 당신의 삶이 달라진다. 당신은 예전의 자신에서 벗어나 전혀 새롭게 행동할 수 있다.

예수님을 만난 사람들은 누구나 이런 변화를 경험했다. 간음하다 잡힌 여인에게 "가서 다시는 죄를 범하지 말라"(요 8:11)고 하셨다. 그분의 능력이 여인을 자유하게 했다. 바울은 고린도후서 5장 17절에서 이렇게 말한다.

그런즉 누구든지 그리스도 안에 있으면 새로운 피조물이라 이전 것은 지나갔으니 보라 새 것이 되었도다

하나님이 당신에게 주시려는 새 걸음이 당신을 영원히 바꿔놓을 것이다. 그러나 당신은 하나님을 정직하게 만나야 한다. 하나님을 추구하라. 그분을 그냥 보내드리지 말라! 위기 속에서 자신이 정말 누군지 인정하라. 정직과 변화하려는 의지를 그분은 찾고 계신다.

하나님은 새 일을 행하실 것이다. 당신에게 새 힘을 주실 것이다.

새 신분과 새 걸음을 주실 것이다. 이는 야곱과 사울을 비롯해 심각하게 엉망이 되어버린 사람들만을 위한 게 아니다. 당신과 나를 위한 것이다! 우리가 하나님을 찾고 그분을 만나면 남은 평생 다르게 걸을 것이며, 아무도 그 걸음을 우리에게서 빼앗지 못한다.

야곱의 절룩임은 하나님을 의지해야 한다는 사실을 매일 일깨워주었다. 넓적다리 근육은 신체에서 가장 크고 강한 근육이다. 하나님은 그의 가장 강한 부분을 쳐서 약하게 하셨다. 그때부터 야곱은 자신의 힘이 아니라 하나님의 힘을 의지해야 했다. 하나님과 씨름이 종료되었을 때, 그는 더 강해진 동시에 더 약해졌다. 더는 이전과 똑같은 사람이 아니었기에 더 강해졌다.

회심과 달라짐과 변화가 있었다. 과거의 문제가 다 처리되었다. 그러나 야곱은 더 약해지기도 했다. 일상의 걸음에서 하나님을 의지해야 하기 때문이었다. 우리도 자신의 힘이 아니라 하나님의 힘을 의지해야 한다는 사실을 기억해야 한다.

한눈팔지 말라!

우리의 삶에서 하나님의 능력을 가장 잘 일깨워주는 상징은 바로 십자가다. 나는 교회에 십자가를 걸어두길 좋아한다. 그러나 그것은 실제로 나무 조각일 뿐이다. 매우 감동적인 상징물이지만, 당신이 십자가에서 하나님을 만나지 못했다면 아무 의미가 없다.

마찬가지로 교회에 전례(典禮)만 있어서도 안 된다. 하나님을 만나는 경험을 해야 한다. 그분이 우리를 바꾸시도록, 우리의 가장 강한 부분을 가장 약하게 바꾸시도록 내드려야 한다. 중요한 건 우리가 오직 하나님만 의지해야 한다는 것이다. 매일, 매 시간, 매 순간, 지금! 그런데 이렇게 하나님을 의지하기란 말처럼 쉽지 않다.

여러 해 전, 결혼식 주례를 부탁 받았다. 혼주 측에서 네 살배기 내 아들도 결혼식에서 어떤 역할을 맡았으면 좋겠다고 제안했다. 아내가 눈썹을 치켜떴는데도 나는 "좋고말고요!"라고 대답했다. 그런데 누구였는지 기억나지 않지만 독특한 아이디어를 냈다. 예식이 시작될 때, 내 아들이 큰 성경을 들고 입장해서 내게 건네주자는 것이었다.

우리는 리허설을 했고, 모든 게 순조로워 보였다. 아들은 많은 사람 앞에서 무대에 서보는 게 처음이었는데도 아주 자신만만해 보였다. 하지만 나는 조금 긴장되었다. 어린아이가 결혼식에서 어디로 튈지는 아무도 모르기에.

드디어 결혼식 날이 되었다. 아들이 이상한 행동을 보이기 시작했다. 아주 조용했고, 어떠냐고 물으면 고개를 끄덕이며 어색하게 어깨를 으쓱할 뿐이었다. 내가 물었다.

"아들, 괜찮아?"

아들이 대답했다.

"아빠, 사람들에게 전화해서 나는 결혼식에 가고 싶지 않다고 말해 줘."

"뭐가 잘못됐니?"

아들이 나를 쳐다보며 대답했다.

"아빠, 내가 다 망칠 거 같아. 그냥 그럴 거 같아!"

아들은 풀이 팍 죽었다. 나는 잠시 생각한 후에 말했다.

"아빠가 전화할게. 그런데 내게 좋은 생각이 있는데 들어볼래? 내 말대로 하면 네가 자신감이 생겨서 결혼식에서 맡은 일을 잘 해낼 수 있을 거야!"

아들은 바싹 집중했다. 그래서 얘기를 계속했다.

"사람들이 교회 뒤쪽 문을 열 거야. 문이 열리면 너는 아빠만 보면서 성경책을 들고 들어와. 그것만 하면 돼. 사람들이 네게 바라는 건 이게 전부야. 아빠에게 성경책을 주기만 하면 끝이야!"

나는 아들을 위해 기도했고, 아들은 내 말대로 하겠다고 했다. 결혼식이 시작되자 힘껏 나만 쳐다보았다. 일직선으로 나를 향해 출발했고, 그 무엇도 그의 시선을 돌릴 수 없었다. 아들은 눈도 깜빡이지 않았다! 나는 아들의 손을 쳐다보았다. 성경을 아주 꼭 쥐고 있어서 아무도 그 아이에게서 빼앗을 수 없을 것 같았다!

아들은 하나님의 말씀을 단단히 붙잡고 내가 있는 곳을 바라보며 걸음을 옮겼다. 뒤돌아보거나 한눈팔지 않았다. 곧바로 앞을 향해 걸어와 성경책을 내게 건넸다.

우리도 똑같이 하려 한다면 상상보다 더 잘 해낼 수 있을 것이다. 때로 당신은 쓰러지고, 그만두고 싶을 수 있다. 그저 도망치고 싶을 수 있다. 그 일을 더는 하고 싶지 않을 수도 있다. 그러나 당신의 아버지께 시선을 집중하고 그분의 말씀을 붙잡았던 날들을 기억해낼 수 있다면 언제나 한 걸음 더 내디딜 수 있다. 그러면 더 강해질 것이다.

피곤한 자에게는 능력을 주시며 무능한 자에게는 힘을 더하시나니 소년이
라도 피곤하며 곤비하며 장정이라도 넘어지며 쓰러지되 오직 여호와를 앙
망하는 자는 새 힘을 얻으리니 독수리가 날개치며 올라감 같을 것이요 달
음박질하여도 곤비하지 아니하겠고 걸어가도 피곤하지 아니하리로다

사 40:29-31

우리는 숱하게 거짓말하며 조작하고 싶어 한다. 하나님이 그분의
몫을 해주시길 원하면서도 정작 자신은 거들고 싶어 하지 않는다. 당
신은 하나님이 일하실 도구를 내드려야 한다. 진실해야 한다. 이게
전부다. 뒤돌아보지 말고, 한눈팔지 말라!

Be Real

③ 외톨이 생활을 끝내다

진실하려면 공동체가 필요하다

히스토리 채널의 리얼리티 쇼 〈스웜프 피플〉(Swamp People)에 등장하는 사람들이 평범한 미국인들과 어떻게 다르게 말하고 행동하는지 주의 깊게 본 적이 있는가?

나는 케이즌(Cajuns, 프랑스인 후손으로 고어의 한 형태인 케이즌어를 사용하는 미국 루이지애나의 사람들-옮긴이)을 무시하지 않는다. 나 역시 케이즌이다! 우리 케이즌들은 남부 루이지애나를 채우는 늪(bayou)을 닮은 작은 수로들에서 물고기, 가재, 악어, 뱀을 잡는 데 많은 시간을 들인다.

그러나 〈스웜프 피플〉이 방송될 때까지 케이즌들은 역사적으로 미국에서 대부분의 그룹보다 소외되어 있었다. 이 쇼 출연자들의 행동을 이해하기가 쉽지 않을 정도다. 이들의 행동과 태도는 당신에게 익숙한 패턴과 약간 다르다. 대부분의 사람들과 같은 방식으로 행동하지 않는다.

내 케이즌 친구인 보드로를 예로 들어보자. 어느 날, 그는 배가 몹시 고픈 상태로 시내에 들어섰다. 그리고 자신이 어디 있는지도 모른 채 주문대라고 생각되는 곳으로 걸어가 주문을 했다.

"치즈버거 둘, 감자튀김 하나, 콜라 하나!"

아가씨가 되물었다.

"뭐라고 하셨어요?"

보드로는 아가씨가 못 알아들었다고 생각해서 더 큰 소리로 주문했다.

"치즈버거 둘, 감자튀김 하나, 콜라 하나 달라고요!"

그러자 아가씨가 상냥하게 답했다.

"선생님, 여긴 도서관인데요!"

보드로는 아가씨를 쳐다보며 얼떨떨한 표정으로 속삭였다.

"치즈버거 둘, 감자튀김 하나, 콜라 하나요!"

이따금 나는 설교하거나 친구들과 농담을 주고받을 때, '바이유 셀프'(Bayou Self)라는 가상의 장소를 언급하곤 한다. 이곳 바이유 셀프(by-your-self, 혼자)는 정말이지 살기에 최악의 장소다. 주변에 아무도 없는 곳에서는 평소와 약간씩 다르게 생각하고 행동하게 되기 때문이다. 이곳에 너무 오래 있다간 미쳐버릴지도 모른다!

고립

'고립'에서 오는 외로운 분리를 경험하려고 굳이 바이유 셀프에 갈 필요는 없다. 우리는 모두 고립을 자처하는 경향이 있고, 이를 당연하게 여기기까지 한다. 흔히 "사람은 혼자 있을 때 진면목이 드러난다"라고 한다. 정말일까? 마치 자신이 누군지 제대로 알려면 고립되어야 한다는 말 같다.

이런 말을 들을수록 혼자일 때 우리가 어떤 모습인지 나는 정확히 안다는 확신이 강해진다. 우리는 혼자일 때 모두 똑같아 보인다. 외롭다. 불안하다. 조금 겁도 난다. 약간 미친다. 건강하지 못하다. 머릿속의 작은 음성들 외에 귀 기울일 데가 전혀 없다.

기이한 그리스도인을 본 적이 있는가? 멍한 눈길로 늘 하나님이 오늘 자신에게 무엇을 하라고 말씀하셨다는 사람을 본 적이 있는가? 이들은 이를테면 이렇게 말한다.

"하나님이 오늘 아침에는 후르츠 룹스(Froot Loops) 대신 프로스티드 플레이크(Frosted Flakes)를 먹으라고 했어요."

나는 이런 사람들에게 후르츠 룹스를 너무 자주 먹었다고 말해주고 싶다.

교도소에서 독방은 가장 강력한 징계라고 한다. 나도 그렇게 믿는다! 우리는 혼자 살도록 지음 받은 존재가 아니다. 타인들과 공동체를 이루고 살도록 지음 받았다.

나는 ARC(Association of Related Churches)에 대해 늘 하나님께 감사한다. 여기 소속된 목회자들은 함께 사역할 뿐 아니라 서로 점검해주고 서로를 위해 기도한다.

내가 아는 가장 이상한 사람들 중에 몇몇은 목사다. 이들은 늘 혼자이고, 고립되어 있으며, 안부를 묻는 사람조차 없다. 거울을 들여다보니 콧등에 뾰루지가 나 있다면 다른 사람들에게도 그것이 보일 건 뻔하다. 그러나 당신이 허락하지 않으면 사람들은 당신에게 말하려 들지 않을 것이다. 설령, 당신이 없는 곳에서는 쑥덕이더라도 말이다.

ARC에 소속된 목회자들은 상대방이 미처 깨닫지 못했던 약점들에 대해 조언해주기도 하고, 혼자 해결 못해 끙끙대는 약점을 고백하기도 한다. 우리는 서로를 돌보며, 하나님께서 본래 원하셨던 방식으로 교회의 역할을 수행하는 목회자들의 모임이다. 내가 여기에 속한 걸 하나님께 감사한다.

하나님은 창조하실 때 "사람이 혼자 사는 것이 좋지 아니하니"(창 2:18)라고까지 말씀하셨다. 이 구절은 일반적으로 아담에게 돕는 이가 아내라는 형태로 필요했음을 강조하는 데 사용된다. 사실이다. 그러나 이것은 자녀들, 더 많은 자녀들, 여러 세대의 자손들, 부족을 이룬 집안들 등 공동체를 이루는 모든 사람들에게도 적용되는 말씀이다. 아담을 혼자 살도록 지으신 게 아니다. 당신도 다르지 않다.

고립은 자신의 백성을 향한 하나님의 계획이 아니다. 사람들은 허다한 이유로 숨는다. 이미 살펴보았듯이 아담과 하와가 하나님을 피해 숨었다. 마치 그게 효과가 있는 것처럼. 70억 명이 넘게 사는 지구에서, 우리는 잠시 군중에 묻혀 하나님을 피해 숨을 수 있다고 생각하고픈 유혹을 받을지 모른다.

그러나 우리가 아담과 하와처럼 둘 중 하나든 70억 중의 하나든 간에 궁극적으로 하나님을 피하거나 자신을 피해 숨지 못한다. 숨을 때 대부분은 수치심을 느끼기 때문이다.

두 길

여러 해 전, 내 멘토인 친구 목사가 전화를 했다. 그가 죄에 빠지고 말았다는 고백을 듣고 나는 충격에 빠졌다.

'어떻게 나보다 하나님을 더 사랑하는 것처럼 보였던 친구가 이런 지경에 빠졌을까?'

몇 차례 대화를 나누고 나니 아주 간단하고 분명해졌다. 그는 혼자 살고 있었다!

진실하고 솔직하며 투명한 공동체와 줄곧 연결되지 않으면 대개 두 길 중 하나에 빠지게 되어 있다. 첫째 길은 거부당했다는 느낌으로 이어진다. 우리는 누군가에게 상처받아 감정이 상했기에 마음을 닫고 벽을 쌓는다. 줄곧 미소 짓고 기도하며 설교하고 가르치면서도 그 누구도 다시는 우리에게 상처 주지 못하게 하겠다고 결심할는지 모른다. 결국 우리는 이렇게 말한다.

"다시는 그 누구와도 절대로 가까워지지 않을 거야! 두 번 다시 상처받고 싶지 않아!"

이런 방어 전략은 결국 당신을 죽인다. 아주 아이러니하게도 당신이 벽을 쌓고 고립을 자처할 때, 당신을 공격하는 사람들은 계속 당신에게 상처를 준다! 때로 우리는 외톨이로 살려는 자신의 태도를 성경을 동원해 기독교화함으로써 정당화하려 애쓴다. 우리는 이렇게 말할지 모른다.

"내게 정말 필요한 건 하나님이야. 난 주님만 있으면 돼!"

그러나 성경에서 당신에게 필요한 건 하나님뿐이라고 말하는 구절이 하나라도 있다면 보여 달라. 하나님께서는 그분과 함께 살고, 이웃과 함께 살도록 우리를 지으셨다. 하나님은 당신에게 필요한 전부가 아니다.

둘째 길은 더 공격적인 반응으로, 심지어 행동하는 반응으로 이어진다. 이렇게 하고 있다면 내면으로도 고립을 자처하고 있으며, 이것이 더 분명하게 드러날 뿐이다. 어쨌든 우리는 외롭고 상처받았다. 그러니 위로받을 자격이 있지 않겠는가? 하지만 우리가 남들에게 정직하고 투명하지 못하기 때문에 위로가 필요하다는 사실을 아무도 알아채지 못한다.

당신이 미처 깨닫기 전에 건강하지 못한 패턴이 생겨나고, 은밀한 죄가 지속되며, 조용한 중독이 뿌리내릴지도 모른다. 그러면 곧 너무 심한 수치를 느끼거나 교만해져 자신의 실패와 유혹을 아무에게도 말하지 못하게 된다. 사실 우리가 겪는 유혹을 친구에게 말하면 험담거리가 되기도 하고 사역자일 경우는 유혹받는다는 이유로 일자리까지 잃을 거라고 확신한다. 슬프게도 이런 상황이 이따금 벌어진다.

그러나 유혹은 죄가 아니다. 유혹은 죄가 우리의 문을 두드리는 것이다! 우리가 그 두드림에 굴복해 불순종하게 될 때에야 비로소 유혹이 죄가 된다. 친구들과 연결되어 있는 것이 그것과 싸우는 가장 좋은 방법이라는 걸 우리의 원수는 알고 있다. 당신이 처한 상황을 고백하면 원수의 독침을 뽑아낼 수 있다.

소셜 미디아크러티(Social Mediocrity)

우리가 서로 연결되지 못하는 또 다른 이유는 삶의 속도 때문이다. 우리는 모두 자기만족을 추구한다. 개인주의와 개인의 목표가 하늘 높은 줄 모르고 치솟으며, 엄청난 속도로 살아간다. 마하2의 속도로 살아가면서 지속적인 관계를 형성하고 유지하기란 사실상 어렵다.

서로 연결되는 데 현대 기술은 도움이 되지 않는 것 같다. 페이스북, 트위터, 유튜브, 인스타그램 등으로 잘 연결되어 있다고 생각할 수도 있다. 그러나 소셜 미디어를 통한 연결은 갈수록 피상적이다. 이것들은 진정한 공동체와 개인의 연결에 기여하지 못한다. 이런 연결은 좌절시킬 뿐이다.

트위터에서는 대화 내용을 140자로 제한받는다. 페이스북에서는 자신의 게시물과 프로필과 사진과 '좋아요'를 제어하고 조작해 사람들이 우리를 부러워하고 우러러보며 좋아하게 만든다. 불문율이 된 페이스북의 목적은 당신의 가장 좋은 모습을 보여주는 것이다. 페이스북(Facebook)을 '페이크북'(Fakebook)이라 부르는 게 맞을지도 모르겠다.

소셜 미디어의 영향은 미국이나 특정 문화에만 나타나는 게 아니다. 세계 어디서든 문자를 주고받는다. 내가 아프리카에 있더라도 당신이 세계 어디선가 코끼리를 타는 사진을 실시간으로 인스타그램에 올릴 수 있다. 요즘은 정보가 미친 듯이 빠르게 이동한다.

우리는 첨단 기술을 점점 더 받아들이고 사용한다. 그래서 어떤 사람들은 진짜 친구는 실제로 관계 맺는 사람들이 아니라 페이스북에서 연결되는 사람들이라고 생각한다!

어떤 여자가 페이스북에서 옛 남자친구를 발견하고 대화를 시작한다. 몇 분 후, 남자가 이렇게 말한다.

"와, 여전히 예쁘구나! 고등학교 때랑 똑같아!"

남편이 알기도 전에 여자는 가방을 꾸려 동화를 찾아, 지나간 십대 시절의 판타지를 찾아, 짝퉁 관계를 찾아 떠난다. 여자는 페이스북에서 다시 만난 남자가 자신에게 거짓말하고 있다는 사실을 잊어버린다(애초에 이 남자와 왜 헤어졌겠는가). 게다가 남자는 순진한 한 여자를 낚았다!

불행히도 우리는 얕은 관계에 익숙해졌다. 소셜 미디어가 '소셜 미디어크러티'(social mediocrity, 평범한 관계)가 되었다. 우리는 더 이상 무엇이 진짠지 몰라 곁길로 밀려난다. 이 세대의 첨단 기술로 서로 연결될수록 실제로는 덜 연결되는 것 같다. 그래서 자신도 모르게 더욱 고립되어 간다.

그럴수록 더 병들거나, 더 괴상해지거나, 더 상처를 입거나, 더 수치스러워지거나, 더 교만해진다. 우리는 결국 이 모두가 되고 말지도 모른다. 조심하라! 소셜 미디어는 우리의 관계를 모두 망칠 수 있다.

한 사람을 만나러

성경에 나오는 예를 하나 들어보겠다. 한 여인이 예수님을 만났는데, 우리 가운데 아주 많은 사람과 비슷하게 반응했다(요한복음 4장을 보라). 여인의 이름은 알 수 없다. 그러나 여인에 관한 몇 가지는 알 수 있다. 그녀는 흔히 '사마리아 여인' 또는 '우물가의 여인'이라 불린다.

사마리아 여인의 삶은 매우 고통스러웠다. 솔직히 이 여인의 처지나 당신과 나의 처지가 별로 다르지 않다. 어쩌면 당신은 지금도 이 여인처럼 목마를지 모르겠다. 여인의 이야기는 이렇게 시작된다.

"[예수께서] 유대를 떠나사 다시 갈릴리로 가실새 사마리아를 통과하여야 하겠는지라"(요 4:3,4).

그리 대단한 이야기처럼 들리지 않는다. 그러나 이는 당시의 규범을 벗어난 커다란 방향 전환이었다. 당시에 유대인은 가능하면 사마리아를 경유하지 않았다. 그곳은 부정하고 거룩하지 못한 사람들, 곧 앗수르인들과 통혼한 방탕한 유대인들의 후손들로 가득하다고 생각했기 때문이다. 그래서 유대인들은 대부분 사마리아인들을 인간 쓰레기로 취급했다. 심지어 '개'라고 불렀다.

유대인들은 사마리아인들을 피하기 위해 그곳을 경유하지 않고 빙 돌아갔고, 요단강을 건너는 먼 길을 택하기까지 했다. 이 시점에서 제자들은 예수님 곁에 없었다. 그들은 다른 길로 갔는데, 심부름을 간 게 분명했다. 그러나 예수님은 사마리아를 통과하셔야 했다. 이 여인에게 다가가길 원하셨기 때문이었다.

예수님은 이 여인을 만나기 위해서라면 어디든 가셨을 것이다. 그분은 한 사람을 만나려고 당시의 종교 규범과 문화 관습을 깨셨다. 아무것도 달라지지 않았다. 예수님은 당신을 만나기 위해서라면 어디든 가실 것이다.

그래서 예수님은 한낮의 어느 우물가에 이 사마리아 여인을 만나러 가셨다. 왜 한낮인가? 여인이 점심시간이나 한낮에 우물에 가면 즐겁기 때문이 아니었다. 여인 자신이 수치스러웠기 때문이었다. 대부분은 살갗을 태울 듯한 뙤약볕이 내리쬐는 한낮에는 우물에 나가지 않았기에 여인은 사람들을 피하려고 일부러 이 시간을 택했다.

우물가에 나온 여인의 귀에 낯선 남자의 목소리가 들렸다.

"물을 좀 달라"(요 4:7).

원어로 보면 질문이나 명령이 아니다. 친구에게 흔히 하는 말, 친구 집에 가서 "이봐, 마실 거 좀 내놔봐!"라고 말하는 것에 더 가깝다.

친구들에게는 아무 때나 이렇게 말할 수 있다. 친구 집에 갔는데 목이 마르다면 이렇게 말하곤 한다. 자연스럽게 냉장고를 열어 마실 걸 꺼낸다. 친구네 집이 난장판이라도 개의치 않는다. 당신을 있는 그대로 알고 또 받아들이는 사람과 함께 있기 때문이다.

예수님은 여인을 이렇게 대하고 계셨다. 여인은 예수님을 방금 만났다고 항변할지 모르겠다. 아니다. 그분은 여인이 어머니 뱃속에 있을 때부터 아셨다! 여인의 전부를 아셨고, 친구처럼 대하실 수 있었다. 예수님은 죄인들의 친구이시다. 그래서 "물 좀 달라"고 하셨다.

여인은 예수님을 쳐다보며 꼼꼼히 따져보았다. 여인은 남자 목소리에 현혹되지 않았다. 남자 목소리에 매우 익숙하기 때문이었다. 그러나 남자를 보는 순간, 유대인이라는 걸 대번에 알고 깜짝 놀랐다. 유대인들이 사마리아인들을 싫어한다는 걸 알고 있었기 때문이다. 그러나 예수님은 도움이 필요한 사람을 만나기 위해서라면 어디든 주저하지 않으셨다. 지금도 당신과 그분 사이의 방어벽을 뛰어넘길 절대 주저하지 않으신다.

미쳤군요!

당시 유대인들은 사마리아인들을 적대시했을 뿐 아니라, 남자들은 여자들을 하찮게 여겼다. 가혹하게 들릴지 모르지만, 여자들은 대개 사람이라기보다 재산으로 취급되었다. 따라서 예수님은 이 여인에게 말을 걺으로써 두 장벽을 무너뜨리셨다! 그래서 여인의 관심을 최대로 불러일으키셨다.

십중팔구 여인은 반신반의했을 것이다. 자신을 차단하고 껍질 속으로 쏙 들어가지는 않았으나 꺼림칙하고 내키지 않았다. 그래서 완전히 경계심을 늦추지는 않았다. 자신에게 말을 거는 남자가 누군지 제대로 알지 못했기 때문이었다. 그러나 결코 평범하지 않다는 건 알 수 있었다. 그래서 여인은 이렇게 대답했다.

"당신은 유대인으로서 어찌하여 사마리아 여자인 나에게 물을 달라 하나이까"(요 4:9).

하나님이 정말로 당신을 사랑하신다는 사실을 분명히 깨달은 후에야 비로소 하나님과 관계에서 경계심을 완전히 늦추게 된다. 그분은 당신이 생각지 못한 사랑으로 당신을 사랑하신다. 그 사랑에는 조건이 붙지 않는다.

성경은 이렇게 말한다.

율법은 모세로 말미암아 주어진 것이요 은혜와 진리는 예수 그리스도로 말
미암아 온 것이라 요 1:17

그분 안에서 은혜와 진리가 완벽하게 균형을 이룬다. 그분은 진리를 말씀하시며, 그와 동시에 은혜를 드러내신다. 은혜와 진리가 함께 열거되지만 흥미롭게도 하나님의 말씀은 은혜를 앞에 둔다. 순서에 주목하라! 진리가 있다. 그러나 진리는 은혜에 싸여 있다. 예수님은 죄를 깨닫게 하실 뿐 정죄하지 않으신다.

사마리아 여인은 실제로 이 부분에 강한 흥미를 느꼈던 게 틀림없다. 여인이 "당신은 유대인으로서 어찌하여 사마리아 여자인 나에게 물을 달라 하나이까"라고 한 대답은 "당신 미쳤군요! 정신 나갔어요?"라는 뜻이었다.

무례하게 대하거나 그분의 요청을 거절하려 했던 게 아니다. 여인은 예수님을 존중했으나 의심했으며, 그분이 자신의 영역에서 무엇을 하는지, 왜 문화적 기준을 기꺼이 깨려드는지 알아내려 했다.

예수님이 여인을 보며 말씀하셨다.

네가 만일 하나님의 선물과 또 네게 물 좀 달라 하는 이가 누구인 줄 알았더라면 네가 그에게 구하였을 것이요 그가 생수를 네게 주었으리라 요 4:10

바꾸어 말하면, 예수님은 이렇게 말씀하신 것이다.

"그대는 오늘이 얼마나 놀라운 날인지 알지 못한다. 오늘은 그대

에게 정말 좋은 날이 될 것이다."

11, 12절에서 대화가 계속된다.

여자가 이르되 주여 물 길을 그릇도 없고 이 우물은 깊은데 어디서 당신이 그 생수를 얻겠사옵나이까 우리 조상 야곱이 이 우물을 우리에게 주셨고 또 여기서 자기와 자기 아들들과 짐승이 다 마셨는데 당신이 야곱보다 더 크니이까

사마리아 여인은 인격체로 오신 하나님, 또는 적어도 하나님의 한 위(a person)를 대면하고 있음을 곧바로 깨달았다. 나중에 여인은 예수님이 누군지 아주 분명히 알게 된다. 여인은 자신이 누군지 알았고, 자신이 무엇을 숨기는지를, 자신의 치부를 정확히 알았다. 여인은 이렇게 생각했을 것이다.

'당신이 스스로 암시하는 그 사람이라면 제가 한 일들은 어떻게 되지요? 제가 사마리아인이고, 제 동족마저 저를 피한다는 사실은 어떻게 되나요? 아직 그럴 마음이 없지만, 제가 스스로 고립에서 벗어나길 원한다면 질문들에 답을 해주시지요!'

여인은 실제로 고립에서 벗어나고 싶지 않았다. 이 부분은 잠시 후 살펴보겠다.

예수님은 대화를 영원한 것, 여인의 필요 쪽으로 옮겨가셨는데, 다른 사람들을 만날 때도 늘 이렇게 하셨다. 예수님은 아마도 우물을 가리키며 여인에게 이렇게 말씀하셨을 것이다.

"이 물을 마시는 자마다 다시 목마르려니와"(요 4:13).

그런 후에 뒤이어 말씀하셨다.

"내가 주는 물을 마시는 자는 영원히 목마르지 아니하리니 내가 주는 물은 그 속에서 영생하도록 솟아나는 샘물이 되리라"(요 4:14).

예수님은 단지 한낮의 뙤약볕 아래 마시는 물을 말씀하고 계신 것이 아니었다.

다섯 차례 실수를 안고 살아가다

예수님이 여인의 갈증을 해소할 물에 대해 말씀하시자, 그녀는 경계심을 조금 늦추고 마음을 약간 열었다. 여인은 이렇게 생각했는지도 모른다.

'어라, 이 남자 나쁘지 않네. 기적의 물이라도 얻을 수 있겠어!'

또는 이렇게 생각했는지도 모른다.

'잘하면 매일 40도가 넘는 날씨에 생고생하며 물을 길어 나르지 않아도 되겠어! 이 물을 마시면 영원히 집 밖에 안 나와도 될 테니, 다시는 수치를 느끼지 않아도 될 거야. 동네 사람들과 두 번 다시 마주치지 않아도 되겠지!'

그래서 여인은 대답했다.

"주여 그런 물을 내게 주사 목마르지도 않고 또 여기 물 길으러 오지도 않게 하옵소서"(요 4:15).

한동안 침묵이 흘렀다. 예수님은 이렇게 말씀하심으로 여인의 허를 찌르셨다.

"가서 네 남편을 불러 오라"(요 4:16).

여인은 이렇게 생각했을 것이다.

'어라, 이 남자가 뭐 하자는 거지?'

여인은 예수님의 의도를 몰랐기에 나름의 진실을 담아 대답했다.

"나는 남편이 없나이다"(요 4:17).

정확한 진실은 아니었으나 그렇다고 거짓말도 아니었다. 낯선 남자를 상대하기에는 꽤 안전한 대답이었다.

당신도 전에 이런 상황에 처했을지 모른다. 바로 지금 이런 상황에 처했는지도 모른다. 그럼에도 기분이 꽤 괜찮다. 당신이 잘 헤쳐나가고 있기 때문이 아니라 당신 속에서 상처를 일으키는 부분을 겉으로 드러내지 않는 법을 배웠기 때문이다. 당신은 살기 위해 사람들에게 말해야 하는 것만 말한다.

그러나 예수님은 여인을 주목하셨고, 그녀의 말을 그대로 받아들이며 쐐기를 박으셨다.

"네가 남편이 없다 하는 말이 옳도다 너에게 남편 다섯이 있었고 지금 있는 자도 네 남편이 아니니 네 말이 참되도다"(요 4:17,18).

상상할 수 있겠는가? 틀림없이 여인은 '어떻게 알았지?'라고 생각했을 것이다. 가장 큰 두려움이 방금 드러났다. 그녀의 실체가 드러났고, 영혼의 민낯이 드러났다. 여인은 진실을 숨겼으나 예수님은 그것을 훤히 드러내셨다. 그녀가 기대했던 바가 아니었다.

도저히 솔직하게 "저는 남편이 다섯이었습니다"라고 말할 수 없었다. 그러나 예수님은 여인이 실토하는 동시에 그분의 용납하심을 느낄 수 있게끔 그 사실을 드러내셨다. 그녀의 치부를 부드럽게 드러내셨다. 그분이 당신의 삶에서 뭔가 드러내시는 것은 결코 당신을 죽게 버려두기 위해서가 아니라 구해내 치료하시기 위해서다.

여인은 결혼에 다섯 차례나 실패했다. 지금은 한 남자와 동거 중이었다. 진정한 헌신을 원치 않기 때문이었다. 그녀에게는 진정한 사랑이 없었다. 고통을 조금 덜어줄 만큼 가까운 사람이 있을 뿐이었다.

당신은 '그래도 나는 이 여자보다 나아요!'라고 생각할지 모른다. 아니다. 하나님이 보실 때, 우리는 모두 지금껏 실수를 적어도 다섯 차례는 했다. 많은 사람이 이 순간에도 또 하나의 실수를 하며 살아간다. 많은 사람이 깊은 관계를 맺지 않는 이유는 엉망이 되어버린 결혼생활이든, 반항하는 아이들이든, 대책 없는 돈 문제든, 심각한 비밀이든 간에 우리의 삶에서 일어나는 일을 그 누구에게도 알리고 싶지 않기 때문이다.

우리 문제가 심각하지 않은 척하면 실제보다 기분이 나을지 모른다. 당신은 어떤지 모르겠다. 그러나 나는 예수님이 사마리아 여인의 마음을 읽으셨듯이 누군가의 마음을 읽을 수 있으면 좋겠다. 다른 사람들이 무엇을 생각하는지, 지금껏 무엇을 했는지 속속들이 다 알 수 있다면 멋지지 않겠는가!

그러나 우리는 그럴 수 없다. 예수님처럼 사람들을 잘 알려면 그들과 오랫동안 관계를 지속해야 한다. 페이스북 친구 맺기로는 사람들에게 진실할 수 없다. 시간이 지나면서 관계가 견고해지고 안전해질 때, 우리는 사람들에게 진실해진다.

기억하라! 예수님은 우물가의 여인에게 친구로 다가가셨다. 그녀를 조심스럽게 고립에서 이끌어내셨다. 판단하거나 정죄하지 않으셨다. 그저 여인의 말을 경청하고 이해하며, 그녀가 벗어날 길을 제시하셨다. 예수님은 우리가 그날의 사마리아 여인처럼 행하길 원하신다. 자신의 경험을 사람들에게 말하고 나누길 원하신다.

여자가 물동이를 버려 두고 동네로 들어가서 사람들에게 이르되 내가 행한 모든 일을 내게 말한 사람을 와서 보라 이는 그리스도가 아니냐 하니… 여자의 말이 내가 행한 모든 것을 그가 내게 말하였다 증언하므로 그 동네 중에 많은 사마리아인이 예수를 믿는지라 요 4:28,29,39

바로 지금

제자들은 심부름을 마치고 돌아와서도 예전 모습 그대로였다. 이들은 이기적이었다. 예수님이 여인과 얘기하시는 모습을 보았고, 잠시 후 마을 사람들이 예수님을 보러 몰려오는 모습도 보았다. 그러나 "도대체 어떻게 된 일입니까?"라거나 "우리가 어떻게 도울 수 있을까요?"라고 묻지 않았다. 이들은 "누가 잡수실 것을 갖다드렸는가"라고 물었다. 이것이 이들의 관심사였다.

우리가 자주 그러듯이 이들은 이렇게 생각하고 있었다.

'내 삶, 내 일정, 오늘 날씨, 내가 할 일, 내 아이들이 무엇이 될 것인가 등등 내게 무슨 유익이 있는지가 중요한 거야! 다른 일에는 관심 없다고.'

누구나 이런 자신만의 작은 세계에 끌린다.

예수님은 제자들을 보며 "내게는 너희가 알지 못하는 먹을 양식이 있느니라"라고 말씀하셨다. 그런데도 제자들은 여전히 깨닫지 못했다! 그래서 이렇게 답했다.

"그러니까 예수님은 이미 잡수셨다는 거네. 그럼 우리는 어떻게 하지?"

예수님은 이들을 쳐다보며 말씀하셨다.

"내 음식은 아버지의 뜻을 행하는 것이다. 바로 지금 너희에게 말한다. 눈을 들어 여기서 무슨 일이 벌어지고 있는지 보아라. 무슨 일이 일어나고 있는지 보이느냐? 눈을 들어라. '나중에'라고 말하지 마라. 바로 지금이다!"(요 4:27-38 참조)

예수님의 메시지는 오늘 우리에게도 적용된다. 긴급요청 같고, 경고 같다. 바로 지금이다. "나중에"라고 말하지 마라. 지금이 당신의 은둔처에서 나올 그때다. 고립에서 벗어나 사람들과 공동체를 이루어라.

한 문장으로 자기 프로필을 업데이트하거나 저녁식사로 뭐가 좋을지 말하는 관계에 머무르지 말고 진정한 공동체를 형성하라. 친구들에게 무슨 일이 일어나고 있는지 관심을 가지라. 주님이 당신의 뜨거운 정오에 당신을 찾으러 나서기 전에 당신이 겪는 일을 친구들에게 말하라! 누군가에게 정직하라.

성경은 당신의 죄를 하나님께 자백하면 당신을 용서하신다고 말한다(요일 1:9). 얼마나 놀라운 일인가! 하나님은 당신의 죄를 용서하신다. 성경은 당신의 죄를 누군가에게 고백하면 치유되리라고도 말한다(약 5:16). 생각해보라! 삶에는 용서 외에도 많은 게 있다. 그렇다고 용서의 중요성을 부정하는 게 절대 아니다. 그러나 용서받았다는 걸 알면서도 여전히 마음에 상처를 느끼며 살 필요는 없다. 우리는 치료될 수 있다.

점호

성경은 하나님께서 모든 걸 아신다고 말한다. 과거와 현재와 미래도 아신다. 당신이 일 년 전에 무엇을 했는지 아신다. 그러나 지금부터 5년 후에 당신이 무엇을 할지 아신다고 생각하기란 결코 쉽지 않다! 지금부터 10년이나 20년 후에 당신이 저지를 모든 실수와 실패와 불순종까지 다 아신다. 그런데도 여전히 당신을 사랑하시며 당신 곁에 있기로 선택하신다.

나는 당신을 모른다. 그러나 내가 하나님이고 모든 걸 다 안다면, 이러지 않을 것 같다. 당신이 여태 하지 않은 일들 때문에 당신에게 늘 화낼 것 같다!

당신이 아침에 일어나 "주님, 사랑합니다. 당신과 동행한 시간이 즐거웠습니다. 당신과 사랑에 폭 빠졌습니다"라고 고백하더라도 나는 아무 말 없이 그저 당신을 쳐다볼 것이다.

"주님, 뭐가 잘못됐나요? 이해할 수가 없어요. 제가 요새 신앙생활 잘 했잖아요!"

내가 그저 당신을 쳐다보기만 한다면, 당신은 다시 물을 것이다.

"주님, 뭐가 잘못됐나요? 제게 무척 화가 나신 것 같아요!"

"그래, 네게 화가 잔뜩 났다."

당신은 깜짝 놀라며 이렇게 말할지 모른다.

"하지만 저는 정말 잘 하고 있는 걸요."

"그래, 네 말이 맞다. 그런데 네가 지금부터 63년 후에 할 일 때문에 화가 나는구나!"

내가 모든 걸 다 아는 하나님이라면 이러지 않을까 싶다.

반대로, 예수님은 분명히 더 큰 사랑을 품고 사마리아 여인을 만나러 가셨다. 친히 본을 통해 우리가 주변 사람들을 어떻게 대해야 하는지도 보여주신다. 물론 우리는 하나님의 아들이신 예수님처럼 완벽할 수 없다.

그러나 우리는 완벽할 필요가 없다. 하나님은 완벽한 사람들이 아니라 실패한 사람들을 사용하길 기뻐하시는 것 같다! 믿음의 영웅들, 성경에서 하나님이 크게 사용하신 사람들을 보라. 이들도 이따금 엄청나게 큰 실수를 했다! 더러는 결코 극복하지 못한 문제를 가지고 있었다. 그중 몇몇만 살펴보자.

노아는 술고래였다. 아브라함은 늙은이였고, 아기를 갖기에는 너무 늙었다(100세라니). 그의 아들 이삭은 몽상가였다. 야곱은 거짓말쟁이였고, 기드온은 늘 겁에 질려 있었다. 모세는 말더듬이였다. 라합은 창녀였다. 다윗은 간통했고, 이를 덮으려고 살인까지 저질렀다!

엘리야는 자살 충동을 느꼈다. 이사야는 벌거벗은 채 전파했다! 룻은 과부였다. 요나는 하나님을 피해 도망쳤다. 세례 요한은 〈스웝

프 피플)에 딱 어울렸다. 그는 곤충을 잡아먹고 살았다!

베드로는 예수님을 알지도 못한다고 부인했다. 삭개오는 단신에 대한 열등감이 있었다. 나사로는 죽었는데도, 하나님께서 그를 사용하셨다! 제자들은 한 시간도 깨어서 예수님과 기도하지 못했다. 바울(사울이었을 때)은 그리스도인들을 박해하면서도 자신이 옳다고 믿었다. 디모데는 궤양이 아주 심했다. 바울(이름을 바꾼 후)은 파선을 당했고 감옥에 갇혔다.

결코 늦지 않았다

하나님은 사람들에게 다가가기 위해 사마리아 여인을 사용하셨다. 이 여인이 영원히 집구석에 틀어박혀서는 메시아를 완전히 믿게 된 사실을 아무에게도 말하지 않길 원치 않으셨다. 그녀가 용서받는 데 그치지 않고 자신과 같은 사람들에게 다가감으로써 그분이 하신 일을 나누길 원하셨다.

하나님은 당신도 사용하길 원하신다. 당신이 무엇을 했든 어떤 비밀을 가졌든 상관없다. 우리의 원수는 숱한 속임수를 숨겨두고 있을 뿐이다. 그 놈은 그리 창의적이지 못하다!

남자들은 대개 3G를 좇는다. 여자(girls)나 금(gold), 영광(glory)을 좇곤 한다. 또는 셋 모두를 좇는다! 여자들도 비슷하다. 남자(guys)나 금이나 영광을 좇는다.

우리 모두 원수의 똑같은 속임수에 넘어지고, '나만' 속아 넘어갔다는 거짓말을 믿는다. 그래서 불쾌함과 수치심을 느끼며 하나님께서 우리를 용서하실 뿐 아니라 사랑하시며 영광스런 목적을 위해 창조하셨다는 사실을 믿으려 하지 않는다.

이런 거짓말의 결과는 언제나 같다. 고립이다. 누가 이기는가? 아무도 이기지 못한다. 하나님이 당신을 하나뿐인 존재로 지으셨기에 당신이 친구들에게서 고립될 때 모두가 패배한다. 당신과 똑같이 지음 받은 존재는 없다. 당신의 삶에 주신 소명과 동일한 소명을 받은 사람은 없다. 당신과 동일한 기여를 할 수 있는 사람도 없다.

당신은 유일무이하다! 당신에게는 다른 사람들이 필요하다. 그러나 그들도 당신이 필요하다!

하나님께서는 당신의 자리에 꼭 맞는 비전과 가치를 당신의 삶에 투입하실 수 있다. 그런데 우리가 가장 잘 속아 넘어가는 거짓말이 있다. 수치심을 완전히 떨쳐버려야 하나님을 위해 일할 수 있다는 것이다. 우리는 완전해야 쓰임 받을 수 있다고 생각한다. 그러나 틀렸다. 그분은 엉망인 사람들을 사용하길 좋아하신다! 사마리아 여인은 엉망이었다. 그러나 하나님께서는 이 여인의 마음을 치유하셨고, 이 여인을 사용하셔서서 온 동네가 돌이키게 하셨다.

성경 속 인물들만 그런 게 아니다. 지금도 다르지 않다. 이런 예를 수없이 보았다. 여러 해 동안 우리 교회에 출석했지만 실제로 믿음이 자라거나 교회 일에 참여하지 않고 그냥 얼굴만 내비쳤던 형제가 있다. 그가 조금이라도 영적인 삶에 흥미를 갖도록 도우려고 여러 차례 노력했다. 그는 여러 방면에서 매우 성공한 사람이었지만 영적으로는 무감각했다.

그런데 최근에 우연히도 자신의 약한 부분에서 삶의 목적을 발견했다. 그는 이제 자신이 갇혔던 동일한 성채에 갇힌 사람들에게 다가가 그들을 돕는다. 그는 더 이상 무감각하지 않다!

뉴라이프교회를 개척했을 때, 터놓고 얘기할 진정한 친구들이 없었다면 어떻게 견뎠을지 모르겠다. 사실 이미 교회를 개척한 몇몇 친구들이 우리가 교회를 개척하면 옆에서 도와주겠다고 약속했고, 이 장 앞부분에서 언급한 ARC가 시작되었다. 이들은 기도로 우리를 후원했고, 설립 예배 때 사람들을 보냈으며, 도움이 필요하면 스태프도 보냈고, 경제적으로 도왔다.

그렉 슈렛(Greg Surratt) 목사는 비저너리(visionary)로서 우리의 든든한 후원자다. 그는 우리에게 개척 후 일 년간 매달 수천 달러씩 지원하겠다고 약속했다. 무슨 이유로 우리를 돕느냐고 물었을 때, 그는 이렇게 대답했다.

"저희가 아무런 지원 없이 개척을 시작했는데, 너무 힘들었기 때문입니다."

그가 나와 크리스 호지스를 지원하겠다고 하면서, ARC가 비공식적으로 시작되었다. 개척 후 몇 달 만에 그렉에게, 우리 교회는 자립했으니 후원금이 더는 필요 없다고 말할 수 있었다. 그는 즉시 이렇게 대답했다.

"좋습니다. 혹시 아는 분 중에 제가 후원할 만한 분이 있나요?"

나는 이런 생각이 들었다.

'당신은 도대체 누구요? 예수님쯤 되나요? 왜 이런 일을 하세요?'

그후 우리는 교회를 개척하는 목회자들에게 노하우를 제공하고, 재정을 후원하며, 그들과 더불어 전국에서 교회를 성공적으로 개척할 꿈을 꾸기 시작했다. 이것이 지금껏 우리가 해온 일이다.

지금까지 미국에서 ARC를 통해 400개 가까운 교회가 성공적으로 개척했다. 나는 이것이 혼자 살지 않는 목회자들과 깊은 관계가 있다고 생각한다. 이들에게는 이제 자신의 자원과 시간과 기도를 아끼지 않는 친구들이 있다. 이들은 서로 전화하고 다른 도시까지 달려가서 돕기도 한다.

나를 지속적으로 성장하는 운동의 일원이 되게 하신 하나님께 감사한다. 혼자일 때, 사역도 삶도 힘들다. 그래서 우리 모두는 예외 없이 관계가 필요하다.

당신도 중요한 관계를 형성할 수 있다. 당신이 어디에 있든, 지금껏 무엇을 했든 하나님은 당신을 사용해 세상에 거대한 영향을 미치실 수 있다. 결코 늦지 않았다! 당신이 지금 몸부림치는 바로 그 자리가 십중팔구 예수님이 당신을 통해 누군가에게 말하길 원하시는 부분일 것이다.

그분이 당신의 마음에 두신 사람에게 전화해서 사실대로 얘기하면 그는 자신이 겪고 있거나 이미 겪은 문제와 매우 비슷한 문제를 당신도 겪는다는 사실에 깜짝 놀랄지 모른다!

우리가 고립에서 벗어나 자신이 씨름하거나 겪는 문제를 누군가와 나누는 것은 그간 자신에 관해 믿었던 거짓말에 하나님의 빛을 드러내는 것이다. 그 과정에서 더 깊은 친구가 된다. 그분의 진리가 우리를 자유하게 하고, 우리는 치유된다. 하나님께서는 엉망인 사람들을 사용하길 좋아하신다!

Be Real

4

구조되다

하나님은 덫에서 우리를 어떻게 구해내시는가

몇 해 전, 우리 부부는 결혼 20주년 기념으로 자메이카 크루즈 여행을 떠났다. 그곳에서 자메이카의 노예무역 시대에 초점을 맞춘 박물관에도 들렀다. 그중 '사람 덫'(The Human Trap)이란 문구에 아뜩했다.

솔직히 허를 찔렸다. 이런 도구가 있다는 얘기를 들어본 적이 없었다. 분명히 노예 사냥꾼들은 이 덫을 놓고 나뭇잎과 잔가지로 덮어두었을 것이다. 누군가 그곳을 지나다가 덫을 밟으면 금속 아가리에 발목을 물렸다. 덫은 발목을 부러뜨릴 만큼 강해보였다. 덫에 걸린 사람은 빠져나갈 수 없었을 것이다.

덫의 날카로운 이빨을 살펴본 후, 우리가 여전히 숱하게 덫에 걸린다는 사실에 놀랐다. 단지 지금 우리는 대개 스스로 만든 덫에 걸릴 뿐이다. 우리는 덫에 걸리고도 어떻게 빠져나올지 모른다. 자유와 성공을 원하고, 진실하고 정직하며 솔직하길 원하지만, 자신이 걸린 덫 때문에 그 방법을 모른다. 자신이 세운 삶의 계획을 악착같이 추구할

수록 우리 발목의 덫은 더 조여든다.

그래서 우리는 피를 흘리고 뼈가 부러져 다시는 걸을 수 없을 거라 믿는다. 피를 흘리다 그 자리에서 죽을 거라고 여긴다. 성경은 자신의 계획을 지나치게 오래 추구해온 우리에게 단언한다.

사람의 마음에는 많은 계획이 있어도 오직 여호와의 뜻만이 완전히 서리라
잠 19:21

수건 던지기

우리가 하나님의 계획에 동의할 때 그분은 기뻐하신다. 그분의 몇몇 계획은 언제나 우리에게 미스터리다. 그렇더라도 하나님에게는 여전히 자신의 백성에게 드러내고픈 숱한 계획이 있다. 궁극적으로 하나님의 뜻이 승리한다. 다시 말해 그분의 목적이 이루어진다.

내게 이것은 하나님과 협력해 참되고 가장 좋으며 진정한 자신이 될 자유를 찾아야 할 또 하나의 합당한 이유로 보인다. 나는 당신을 모르지만, 책의 마지막 페이지를 이미 읽은 것처럼 분명한 결말을 말해줄 수 있다. 우리가 이긴다! 그럼에도 우리 가운데 더러는 여전히 옴짝달싹 못한다.

나는 몇 해 전에 건강 때문에 매우 힘들었다. 목소리가 나오지 않기 시작하더니 아주 오래 독감을 앓았으며 결국 기관지염으로 진행되었다. 그러나 나는 멈추지 않았다. 열이 39도에 육박했지만 주말마다 설교했고, 자신을 계속 몰아붙였다. 충분히 쉬지 못했고, 자신을

돌보지도 않았다. 그 결과로 스트레스는 더 심해졌지만 아랑곳하지 않고 더 거세게 몰아붙였다.

당시 아주 큰 계획들이 있어서 사람들 앞에서 내가 아프다고 인정할 수 없었다. 그러다 결국 견디다 못해 병원을 찾았다. 의사가 딱 잘라 말했다.

"폐렴입니다."

그리고 처방을 내렸다. 나는 고집불통이라 주변 사람에게는 분명하게 보이는 걸 인정하려 들지 않았다. 내게는 큰 계획이 있었다. 그러나 주님은 내게 이렇게 말씀하셨다.

'나 없이는 이 일을 하지 못한다. 너를 보아라! 너는 옴짝달싹 못한다! 네겐 내가 있어야 한다.'

당신도 바로 지금 덫에 걸린 듯 빠져나갈 길이 도무지 안 보일는지 모른다. 그 덫은 직장에서 해고될지 모른다는 질긴 두려움일지 모른다. 재정적 어려움이 있는데도 실제로 빚에 허덕이는 걸 인정하지 않고, 버는 것보다 더 많이 쓰고 있을지 모른다. 또는 결혼생활이 황폐해지고, 부부 사이가 하루가 다르게 멀어지는 게 갈수록 분명해질지도 모른다. 또 아이들이 문제일지도 모른다. 혹은 은밀한 중독이 문제일지도 모른다.

구체적인 문제가 무엇이든, 우리는 꿈과 인생 계획을 자신이 갇힌 덫의 크기로 축소하려는 경향이 있다. 우리는 문제에 머물러 있으려 한다. 하루 혹은 한 주 만에, 단기간에 벗어날 수도 있는 문제에 오래 주저앉고 만다. 모래 늪에 빠진 사람처럼 버둥댈수록 더 깊이 빠져든다.

여기서 벗어나 자유하려면 하나님께도 원수에게도 계획이 있음을 알아야 한다. 내 말이 아니다. 성경 말씀이다. 요한복음 10장 10절은 "도둑이 오는 것은 도둑질하고 죽이고 멸망시키려는 것뿐이요"라고 말한다. 이 구절은 사탄과 그의 주된 동기를 말한다. 그의 계획은 당신을 향한 하나님의 계획을 무너뜨리는 것이다. 당신을 향한 그분의 계획을 폐기하려 든다.

사탄은 당신과 나를 망가뜨리고 싶어 한다. 그는 우리를 미워한다. 그러나 이 구절의 나머지 부분은 정말 멋지다.

> 내가 온 것은 양으로 생명을 얻게 하고 더 풍성히 얻게 하려는 것이라 나는 선한 목자라 선한 목자는 양들을 위하여 목숨을 버리거니와 요 10:10,11

하나님이 세상에 오셔서 생명을 내어주고 부활하신 이유가 단지 당신을 간신히 살아가게 하기 위해서였다고 생각하는가? 당신이 중독에 허덕이고, 그 자체가 덫처럼 느껴지는 결혼생활을 유지하게 하며, 또 한 주를 버틸 수 있게 하기 위해서였다고 생각하는가?

결코 그럴 리 없다! 어떤 사람들은 하나님의 목적과 뜻이 우리가 죽은 뒤 천국에 들어가도록 우리의 삶을 주님께 드리는 거라고 생각한다. 그러나 이것이 하나님의 유일한 계획은 아니다. 예수님도 아버지께 "[당신의] 뜻이 하늘에서 이루어진 것 같이 땅에서도 이루어지이다"(마 6:10)라고 기도하셨다.

하나님은 그저 우리가 죽은 후 영원을 자신과 함께 보내길 원하시는 게 아니다. 우리가 덫에서 벗어나 자유롭게 되어 우리를 향한 그분의 구체적인 계획을, 바로 지금 이곳에서 이루길 원하신다!

갈라디아서 5장 1절은 "그리스도께서 우리를 자유롭게 하려고 자유를 주셨으니"라고 말한다. 주님이 당신을 자유롭게 하셨다면, 당신은 자유다! 그런데 이 구절은 곧바로 "그러므로 굳건하게 서서 다시는 종의 멍에를 메지 말라"는 경고로 이어진다. 바꾸어 말하면 "조심하라! 다시 이 덫에 걸리지 말라"는 것이다.

당신은 서서히 원래의 자리로 되돌아가려는 경향을 보일 것이다. 나는 덫에 걸린 듯한 느낌이 들었을 때 기드온의 삶을 연구하기 시작했다. 주님은 기드온도 덫에 걸렸다는 걸 보여주셨다.

그러나 기드온은 마침내 이스라엘 역사에서 위대한 영웅의 반열에 올랐다. 그의 이야기는 구약성경 속에서 크게 다가온다. 그는 300명의 군사를 이끌고, 그 몇 배나 되는 미디안 군대를 도륙했다. 기드온은 위대한 인물이었다! 그러나 처음에는 그렇지 않았다.

구덩이에서

기드온은 우리 각자가 반드시 깨달아야 하는 걸 발견했다. 하나님의 계획이 우리의 잠재력을 여는 열쇠라는 사실이다. 당신이 덫에 걸릴 때, 당신의 잠재력도 덫에 걸린다. 그 자리에 오래 머물면 어떻게 되는가? 흔히 자신에게 아무 잠재력도 없다고 믿기 시작한다.

'주님이 어떻게 나를 다시 사용하실 수 있을지 도무지 모르겠어. 그분이 다른 사람들을 어떻게 사용하실 수 있을지는 알겠는데 나를 어

떻게 사용하실 수 있을까? 나는 덫에 걸렸어. 나는 여기 안주했어. 여기에 집을 짓고 있다고.'

당신은 포기하고 덫에 걸린 그 자리에 머무른다. 기드온은 이게 어떤 느낌인지 알았다. 그가 사사기 6장 11절에서 무엇을 하는지 살펴보자.

여호와의 사자가 아비에셀 사람 요아스에게 속한 오브라에 이르러 상수리나무 아래에 앉으니라 마침 요아스의 아들 기드온이 미디안 사람에게 알리지 아니하려 하여 밀을 포도주 틀에서 타작하더니

요즘은 사용하지 않는 단어가 여럿 보인다. 좀 더 자세히 들여다보자. 기드온이 살던 시대에는 밀에 불순물이 많이 섞여 있었다. 그것을 분리해내려 밀을 공중에 던져 타작을 했다. 바람이 제법 부는 날이 좋았는데, 이 과정을 여러 차례 반복했다. 자연을 이용한 체질이었다. 이 과정을 거치면 곡식은 상품가치가 올라갔고, 가족들이 먹기에도 좋았다.

문제는 기드온이 밀 타작을 포도주 틀에서 했다는 것이다. 고대 이스라엘 사람이 이 구절을 읽었다면 웃어야 할지 울어야 할지 몰랐을 것이다! 실제로 포도주 틀은 땅에 깊이 판 구멍이었다. 여기에 포도를 넣고 눌러 즙을 짰고, 그 즙이 발효되어 포도주가 되었다. 그런데 기드온은 포도주 틀에서 밀 타작을 했다.

그들은 미디안 사람들이 너무 두려워 겁을 먹고 스스로 덫에 빠졌

을 것이다. 미디안 사람들은 여러 마을을 습격해 가축과 값나가는 물건을 모조리 쓸어가고 경작지를 쑥대밭으로 만들며 이스라엘 사람들을 죽이고 마을을 불태웠다. 그러니 누군들 이렇게 하지 않았겠는가. 이스라엘 사람들은 공포에 질렸다!

그래서 기드온은 깊은 구덩이에서 밀을 공중에 날리고 있었다. 타작에 적합한 바람도 불지 않는 곳에서 말이다. 다시 말하면, 그는 의미 없이 움직였다. 이것이 덫에 걸렸을 때 일어나는 일이다. 당신은 움직이지만 실제로 아무 일도 일어나지 않는다. 절망의 쳇바퀴다.

이 부분을 읽노라면 제2차 세계대전 당시 나치가 전쟁 포로들에게 사용한 전술이 떠오른다. 나치가 전쟁 포로를 고문할 때 가장 즐겨 사용했던 방법은 사실 육체적으로 전혀 고통스러운 게 아니었다. 전쟁 포로들은 그리 무겁지 않은, 5킬로그램쯤 되는 돌덩이를 들어 100미터쯤(축구장 길이 정도) 이동한 후 그 자리에 내려놓았다. 다시 뒤로 돌아가서 다른 돌을 운반하고, 다시 돌아가서 또 운반하고…. 하루 종일 이 일만 반복했다.

다음 날이 되면 포로들은 전날 옮긴 돌덩이들을 원래 있던 자리로 종일 옮겨다 놓았다. 이렇게 몇 주가 흐르면 포로들은 미치기 시작했다. 의미 없는 움직임과 중요하지 않은 일을 하며 고문을 당했다. 이들은 움직였으나 아무 의미가 없었다.

감사하게도 우리 대부분은 노예제도나 집단 수용소의 공포를 전혀 모른다. 그러나 얼마나 많은 사람이 이 같은 깊은 절망에 갇혀 사는가! 이들은 직장 때문에 옴짝달싹 못할지 모른다. 자기 일이 싫지만 다른 어떤 선택도 막다른 골목처럼 보인다. 어떤 이들은 아직 대학생인데도, 진로를 바꾸기에는 너무 늦었다고 느낀다. 이들은 후회하지만 너무 두려워 변화를 생각하지 못한다.

한 해, 두 해가 지나 어느덧 30대가 되면 다른 길을 찾길 두려워한다. 자신의 직업을 싫어하면서도 그것을 잃을 위험을 감수하지 못한다. 이들은 은퇴할 날만 고대한다. 그것을 유일한 목표로 삼고 사는 인생을 상상할 수 있는가? 의미 있는 일이라고는 전혀 없는, 무의미하게 행동하는 삶 말이다.

저한테 하시는 말씀인가요?

그러나 사사기 6장 12절은 "여호와의 사자가 기드온에게 나타나"라고 말한다. 많은 학자들은 구약에서 그리스도께서 나타나신 장면이라고 믿는다. 나는 어떻게 이들이 이런 의견 일치에 이르렀는지 안다. 나중에 기드온이 이 사자(천사)를 "주여"(Lord)라고 부르기 때문이다. 성경도 "여호와"(the LORD)께서 기드온에게 말씀하셨다고 말한다. 하지만 이 메신저의 정체가 그의 메시지만큼 중요하다고 생각지는 않는다.

좋은 소식이 있다. 당신이 어떤 구덩이에 빠져 있든지 하나님께서 당신과 함께하시리라는 것이다. 당신은 "여기서 나가야 해!"라고 말할지도 모른다. 그러나 그분이 없으면 거기서 나오지 못한다.

성령께서 우리를 구덩이에서 끌어내신다. 그분이 나타나 "지금이다!"라고 말씀하실 때 내 충고를 명심하라. 기회를 놓치지 말라. 지금일지 모른다. 누가 알겠는가? 하나님은 이 책을 통해 당신이 구덩이에서 나오도록 도우려 하시는지도 모른다.

기드온처럼 우리는 때로 하나님이 실제로 우리에게 말씀하고 계신다는 걸 믿지 못한다. 기드온이 구덩이에 빠져 삶을 허비하고 있었는데도, 하나님은 그를 "큰 용사"라고 부르셨다(12절). 불쌍한 기드온은 이렇게 생각했을 것이다.

'저한테 하시는 말씀인가요? 농담이시죠! 저는 미디안 사람들이 두려워 이 구덩이에 숨어 있는 걸요! 저는 결코 용사가 아닙니다.'

마치 하나님께서 내게 이렇게 말씀하시는 것과 같다.

"대단한 고양이 애호가 비젯!"

사실이 아니다. 또는 "열렬한 채식주의자 비젯!"이라고 하신다면? 나는 채식주의자가 아니다(나는 채식주의자들을 좋아한다. 하지만 그건 그들이 손도 안 댄 소고기가 내 몫이 되기 때문이다).

그러나 하나님은 기드온에게 나타나 장차 될 사람의 호칭으로 그를 부르셨다. 그가 구덩이에 숨었을 때, 이렇게 말씀하셨다.

"네가 나를 따르면 큰 용사가 될 것이다. 너는 지금 큰 용사가 아니며, 구덩이에 숨어 있다. 그러나 우리가 한 팀이 되면, 내가 네게 힘을 주고 너를 인도하겠다. 지금이다."

이야기는 13절에서도 계속된다.

기드온이 그에게 대답하되 오 나의 주여 여호와께서 우리와 함께 계시면 어찌하여 이 모든 일이 우리에게 일어났나이까 또 우리 조상들이 일찍이 우리

에게 이르기를 여호와께서 우리를 애굽에서 올라오게 하신 것이 아니냐 한
그 모든 이적이 어디 있나이까 이제 여호와께서 우리를 버리사 미디안의 손
에 우리를 넘겨 주셨나이다 하니

기드온은 하나님을 쳐다보면서도 그분이 자신들과 함께하지 않으
셨다고 불평했다. 당신이 구덩이에 빠졌을 때 이런 일이 일어난다. 꼭
엠마오로 가는 두 제자 이야기 같다(눅 24:13-35). 두 제자는 예수님
의 죽음에 낙담했다. 그러나 예수님은 부활하신 뒤 완전히 낙담한 이
들을 찾아오셨다. 예수님이 이들에게 물으셨다.

"왜 다들 그렇게 낙담해 있소?"

당신은 두 제자가 그분을 보자마자 "예수님, 주님이시군요!"라고
외쳤으리라 생각할지도 모르겠다. 그러나 이들은 그러지 않았다. 이
들은 심한 절망의 덫에 빠져 있었다. 그래서 주님을 보고 물었다.

"무슨 일이 일어나고 있는지 당신만 모르는 거요?"

예수님이 바로 앞에 계시는데도 그분을 알아보지 못한다.

나는 큰 꿈을 꾸는 사람들 곁에 있길 좋아한다. 그저 좋다! 반대로
꿈이 전혀 없는 사람들 곁에 있으면 힘들다. 이들은 하나님이 하길 원
하시는 일을 전혀 생각하지 않는다. 기드온의 이야기는 우리 모두를
일깨워준다. 하나님의 계획은 당신의 상상보다 크다고.

다시 꿈꿔라

이야기가 어떻게 계속되는지 주목하라.

"여호와께서 그를 향하여 이르시되 너는 가서 이 너의 힘으로 이스라엘을 미디안의 손에서 구원하라 내가 너를 보낸 것이 아니냐 하시니라"(14절).

바꾸어 말하면 이렇다.

"다시 꿈꿔라! 내가 너를 구덩이에서 건져내는 것은 편안한 자리에 두기 위해서가 아니다. 네가 정말로 큰일을, 너를 두렵게 하고 공포에 질릴 일을 할 수 있게 만들기 위해서다. 그러나 잊지 말아라. 내가 너와 함께하겠다!"

우리 가운데 더러는 하나님이 계획하신 일을 잊고, 우리와 함께하시겠다는 그분의 약속을 간과한다.

몇 해 전, 갑자기 배턴루지(Baton Rouge)에 가야 했다. 내 영적 지도자의 며느리 장례식에 참석하기 위해서였다. 고인은 겨우 스물다섯 살이었다. 쉽게 치료할 수 있는 암을 앓던 중 폐렴에 걸려 죽었다.

나는 목사님을 위로하러 갔다가 영화의 표현을 빌리자면, 그가 호랑이의 눈처럼 타오르는 걸 보았다. 목사님은 이 일을 하나님께서 자신을 더욱 단련하시는 과정이라고 여기는 게 분명했다. 그는 하나님의 과제를 잘 수행하고 있었다. 구덩이가 아무리 깊고, 인생의 덫에서 겪는 상실이 고통스러워도 꿈은 생생히 간직해야 한다는 걸 알았다.

에베소서 3장 20절은 하나님을 가리켜 "우리가 구하거나 생각하는 모든 것에 더 넘치도록 능히 하실 이"라고 말한다. 나는 이 표현을 좋아한다. 하나님이 "꿈조차 꾸지 마라. 상상조차 하지 마라"라고 말씀하지 않으시기 때문이다. 그분은 "상상하라. 내가 그 상상을 뛰어넘겠다. 무슨 꿈이든 꾸어라. 내가 그 꿈을 이루고 더 이루겠다"라고 말씀하신다.

그런데 우리 가운데 많은 사람이 더는 꿈을 꾸지 않는다. 하나님이 쓰시기에 자신이 너무 평범하다고 믿기 때문이다. 그러나 성경의 영웅들을 보라. 노아는 매우 평범한 사람이었다(창 6-8장). 그는 성실했으나 단조롭고, 어쩌면 따분하게 살았는지 모른다. 그러던 어느 날, 하나님께서 그에게 나타나 말씀하셨다.

"배를 만들어라. 큰 배, 어마어마하게 큰 배를 만들어라. 바로 이곳에서! 배가 바닷물에 뜰 것이다."

노아는 이렇게 반문했다.

"뭐라고요? 농담하지 마세요! 가장 가까운 바다까지 800킬로미터라고요!"

하나님께서 답하셨다.

"그건 걱정하지 마라. 내가 바다를 이리로 옮기겠다."

그리고 정말 그렇게 되었다! 노아는 자기 가족에게 필요한 것보다 천 배는 큰 배를 지었다. 마침내 그가 하나님의 명령대로 다 행하자 홍수가 닥쳤고, 하나님께서 말씀하셨다.

"이제 내 약속을 일깨우는 아름다운 무지개를 네게 줌으로써 내 언약을 네게 보여주겠다."

성경책을 몇 장 넘기면, 하나님은 아브람에게 나타나 말씀하신다.

"아브람아, 가족을 데리고 여기서 나가거라."

아브람은 이렇게 답하지 않았다.

"어디로 가라는 겁니까? 이메일로 자세히 알려주세요."

하나님은 그냥 "가라!"고 하셨다. 그래서 아브람은 떠났다. 하나님이 그에게 말씀하셨다.

"잘했다. 내가 너와 언약을 세우겠다. 할례로."

아브람은 이렇게 대답하지 않았다.

"할례라고요? 다른 걸로 하시면 안 될까요? 노아 할아버지는 무지개를 증표로 받았잖아요! 그러니 저는 수신호나 뭐 다른 걸로 안 될까요?"

농담이 아니다. 당신도 알 테지만 사실이 이렇다. 우리의 문제 중 하나는 이것이다. 우리는 자신이 할 수 없는 걸 모조리 기억한다. "너는 그걸 하면 안 돼. 너는 그리스도인이잖아!"라는 식이다.

더 살기 좋은 곳이 있다. 당신이 할 수 있는 일, 하나님과 함께 우리가 할 수 있는 일 근처에서 살아라! 할 수 없는 일과 사는 것보다 훨씬 즐겁다.

'할 수 없는 일들'(cannots)이 분명 존재한다. 그러나 당신이 할 수 있는 일을 보게 된다면, '할 수 없는 일들'은 성가신 것도 되지 못한다. 이것들은 잠시 우리를 귀찮게 할 뿐이다. 당신이 하나님과 함께할 수 있는 게 무엇인지 알기만 하면 된다. 이렇게 꿈은 시작된다.

얼마 전, 나는 보드로와 디보도가 매우 자랑스러웠다. 이들은 하와이 여행을 꿈꿨다. 비용이 많이 드는데도 절대 희망을 잃지 않았고 여러 해 동안 일하며 여행 경비를 모았다. 마침내 경비를 넉넉히 모았고, 배턴루지에서 출발하는 첫 비행기를 예약했다. 난생 처음 비행기를 탄 것이다!

비행기가 이륙한 지 한 시간 남짓 지났을 때, '펑!' 하는 폭발음이 들렸다. 스피커에서 기장의 목소리가 흘러나왔다.

"승객 여러분, 방금 엔진 하나를 잃었습니다. 그러나 이 비행기는 나머지 엔진 셋으로 완벽하게 날 수 있습니다. 하지만 목적지까지 평소보다 30분 정도 더 걸리겠습니다."

보드로와 디보도는 그저 서로를 쳐다보며 어깨를 으쓱할 뿐이었다. 잠시 후, 또 다른 폭발음이 들렸다. 기장이 다시 침착하게 안내 방송을 했다.

"승객 여러분, 방금 둘째 엔진을 잃었습니다. 그러나 이 비행기는 나머지 엔진 둘로 완벽하게 날 수 있습니다. 하지만 목적지까지 평소보다 1시간 정도 더 걸리겠습니다."

보드로와 디보도는 다시 서로를 쳐다보더니, 조금 전처럼 땅콩을 오독오독 씹어 먹었다. 잠시 후, 또다시 폭발음이 들렸다. 이번에도 기장이 안내 방송을 했다.

"승객 여러분, 방금 셋째 엔진을 잃었습니다. 그러나 이 비행기는 엔진 하나로도 완벽하게 날 수 있습니다. 하지만 목적지까지 평소보다 1시간 30분 정도 더 걸리겠습니다."

보드로는 디보도를 쳐다보며 말했다.

"마지막 엔진까지 잃으면 여기 하루 종일 있어야 할 거야!"

당신의 '그러나'를 벗어버려라

기드온 이야기로 돌아가자. 하나님의 천사가 나타나 "가서 이스라엘을 구하라"고 했을 때, 기드온은 뭐라고 대답했는가? 천사의 말에 흥분하거나 호기심을 느끼는 대신 "그러나…"라고 답했다(삿 6:15). 이 대답이 당신에게 거북하게 들릴지 모르겠다.

그러나 우리는 이 단어를 쓸 때마다 사실 "제 핑계를 좀 들어보세요"라고 말하는 것이다. 그리스도인으로서 우리는 모두 팔을 뻗어 하나님의 손을 잡는 대신 자신의 '그러나'에 머물고 싶은 것 같다.

하나님께서 우리에게 "이것이 내가 원하는 일이다"라고 말씀하시면 어떻게 반응하는가?

"그러나 저는 못해요. 그러나 저는 우리 가족 중에 가장 약해요. 그러나 저는 사람들 앞에 서면 말을 못해요. 그러나 저는 어떻게 하는지 몰라요. 그러나, 그러나, 그러나…!"

우리 중에 더러는 '그러나'가 거의 없다. 또 정말로 중대한 '그러나'의 이유가 있기도 하다. 이것은 우리가 벗어버려야 하는 것이다. 우리가 변명하면 하나님은 이렇게 말씀하신다.

"너의 '그러나'를 벗어버리고 나와 함께 일하자."

너무나 많은 사람이 여기에 안주한다. 젊은 여자들이 내 아내에게 이메일을 보내 이렇게 말하곤 한다.

"한 남자를 만났어요. 장차 제 남편이 될 수 있을 거 같아요. 그는 하나님을 사랑해요. 그러나 그가 저랑 하고 싶어 하는 건 오직 섹스뿐이에요."

아내는 이들에게 내가 해주고픈 말을 한다.

"거기 안주하지 마세요! 당신은 별 볼일 없는 남자를 원하는 게 아니잖아요!"

독자들 중에 더러는 이렇게 말할지 모른다.

"저는 이제 막 대학생이 되었다고요. 아직 주님을 위해 할 수 있는 일이 없어요. 너무 어리다고요! 경험도 없고, 별로 똑똑하지 못해요."

미안하지만, 그래 봐야 안 통한다. 성경은 이렇게 말한다.

누구든지 네 연소함을 업신여기지 못하게 하고 오직 말과 행실과 사랑과 믿음과 정절에 있어서 믿는 자에게 본이 되어 딤전 4:12

당신이 그리스도 안에서 누구인지에 자부심을 가져라! 하나님은 당신을 가로막는 장애물을 보지 않으시고, 당신의 잠재력을 보신다.

성경을 보라. 다윗은 십대에 왕으로 기름부음을 받았다. '소년에 지나지 않을' 때 골리앗을 죽였다(삼상 17:42, 새번역). 마리아가 예수님을 낳았을 때 대략 열네 살이었다.

당신은 "제 문제는 어리다는 게 아니에요. 너무 늙었다는 거예요!"라고 말할지 모른다. 하지만 이런 변명도 소용없다. 하나님이 늙은 아브라함에게 나타나 하신 말씀을 생각해보라.

"네가 백 살을 코앞에 두고 있다는 건 나도 안다. 그러나 나는 네가 Babies 'R' Us(아기용품 회사)에 회원 등록을 하길 바란다. 내가 너와 함께할 테니 말이다."

아브라함은 웃음을 그친 후 이렇게 말했다.

"하나님, 그거 좋은 계획이네요. 저는 백 살이거든요! 그런데 누가 엄마가 되나요?"

"사라가 엄마가 될 거다."

농담이 점점 심해지는 것 같았다. 사라는 아흔이 코앞이었다! 그런데 사라가 정말 엄마가 되었다(창 15-21장). 하나님께서는 우리의 핑계를 들으며 이렇게 말씀하지 않으신다.

"아, 그래. 네게 그런 문제가 있는 걸 몰랐구나. 내가 그걸 깜빡 했네. 네 말이 맞다. 너는 계속 그 구덩이에 있어야겠어."

그 대신에 이렇게 답하신다.

"나는 무엇이든 할 수 있다. 나는 수백만 명이 건너도록 홍해를 갈라 대로를 냈다. 내가 보지 못하는 사람들 곁에 있을 때, 그들이 눈을 뜬다. 내가 죽은 사람들 곁에 있을 때, 그들이 다시 살아난다. 나는 네 핑계에 기죽지 않는다. 구덩이에서 나오너라. 덫에서 벗어나 나와 함께 일하자꾸나!"

내 영적 지도자의 며느리가 죽기 얼마 전, 청년 200명이 병원 잔디밭에 모여 그녀의 회복을 위해 기도했다. 나는 예전에 목사님이 내게 해주신 말씀으로 그를 격려하려 했다.

"믿음은 당신을 어느 정도까지만 인도할 것입니다. 당신의 나머지 길을 인도하는 것은 하나님의 은혜와 임재입니다."

당신은 구덩이에서 나올 믿음이 없을지 모른다. 그러나 하나님과 팀을 이루면 다시 살 것이다. 은혜가 당신을 인도할 것이다. 나는 자주 우리 교회 목사들에게 말한다.

"여러분은 자신의 잠재력을 의심할 수 있습니다. 저도 늘 그렇습니다. 그러나 여러분의 소명과 하나님이 함께하신다는 사실만은 절대 의심하지 마십시오."

당신은 의심하며 사는가? 그건 매우 힘겨운 삶이다. 그러나 하나님은 당신에게 말씀하신다.

"나랑 한 팀이 되자. 이 일을 함께하자."

우리는 괜찮지 않다

최근에 우리는 교회에서 전에 하지 않던 일을 했다. 우리의 큰 실수를 공개적으로 인정한 것이다. 우리는 매년 이렇게 말하곤 했다.

"교회에 다니면서 깊이 참여하지 않아도 괜찮습니다! 그래도 어느 정도 여러분은 자랄 수 있고, 말씀도 배울 수 있으니까요."

"괜찮습니다!"

우리는 언제나 그렇게 말했다. 그러나 이제는 안다. 삶이란 교회 담장 밖 진짜 공동체에서 가장 잘 변화된다는 걸. 함께하는 삶은 뉴라이프교회의 기초였다. 당신은 연결되어야 한다. 연결되지 않는다면 당신은 괜찮지 않다. 사실 우리가 교인들이 연결되지 않아도 괜찮다고 생각하도록 계속 뇌둔다면 본질적으로 이렇게 말하는 격이다.

"여러분 자신에게 일어나는 일을 그 누구에게도 말하지 않아도 괜찮습니다."

이것은 바로 "적해도 괜찮습니다"라는 뜻이다. 우리가 이것을 깨닫고 가장 먼저 해야 했던 일은 그동안 우리가 틀렸음을 공개적으로 인정하는 거였다. 그러나 여기서 멈추지 않았다.

'우리는 괜찮지 않습니다'라는 주제로 여러 달 동안 캠페인을 열었다. 내게는 너무나 힘든 나날이었다. 왜냐하면 내 또 다른 이름은 '교만'이기 때문이었다! 나는 하나님이 내 속의 교만을 제거하고 대신에 겸손을 심게 해드려야 했다.

나는 실토해야 했고, 내 계획을 내려놓아야 했다. 교인들과 만나서 그들에게 "우리는 괜찮지 않습니다"라고 말해야 했다. 실제로 어디에 있는지에 대해 진실해져야 했고, 어디에 있는 척하거나 우리가 이르길 바라는 곳에 벌써 도달한 척해서는 안 되었다.

털어놓아라

당신은 어떤가? 주님이 당신에게 내려놓으라고 하시는 게 무엇인가? 바로 지금 말이다. 당신의 계획인가, 일정인가, 페이스북과 트위터의 업데이트인가? 그럴지도 모르겠다. 이렇게 해보라. 누군가에게 전화를 걸어 자신이 어떤 덫에 빠졌는지 고백하라.

그러기 전에는 다음 장으로 넘어가지 말라. 당신이 무엇이든 다 털어놓을 수 있고, 당신을 이해하고 걱정해주는 사람을 찾아라. 당신이 진실할 수 있는 사람 말이다. 그런 다음에는 조금 더 정직해져라. 그들에게 전부 털어놓아라.

그러나 자신의 진실한 고백을 나누기 전에 주의해야 할 게 있다. 많은 사람이 친구에게 전화할 때 좋은 의도로 진실해진다. 문제는 결혼생활이 힘겨운 남자가 옛 여자친구에게 전화할 때 일어난다! 당신에게 필요한 친구는 당신이 안전하게 얘기할 수 있는 친구다. 당신의 진실을 지켜줄 친구가 없다면 주변에서 믿을 만한 사람을 찾아보라.

'네가 진실을 말하면 사람들이 너를 정죄할 텐데.'
이런 속삭임을 극복하려면 상당한 용기가 필요하다. 그러나 이것은 원수의 속삭임이다! 로마서 8장 1절은 "이제 그리스도 예수 안에 있는 자에게는 결코 정죄함이 없나니"라고 선언한다. 그 누구도! 성령께서 우리로 죄를 깨닫게 하신다.

그러나 우리가 그 죄를 하나님 앞에 가지고 나오도록 하기 위해서일 뿐이다. 기억하라. 그분은 당신을 너무나 사랑하기에 지금 그 자리에 그대로 두지 않으신다.

전화했는가? 친구가 당신의 정직에 깜짝 놀라 당신을 훨씬 존경하게 되었을 것이다. 그 친구라면 가장 먼저 당신에게 전화를 걸어 자신에게 무슨 일이 일어나는지 말하려 하지 않았을 터이기 때문이다! 이 고백이 어떻게 작용하는지 지켜보자. 이제 곧 상황이 바뀌어 당신의 친구가 비슷한 처지에 빠졌을 때 헤쳐나가도록 도울 수 있을 것이다.

당신을 멈춰 세운 건 과거에 받은 상처일지 모른다. 그게 지금도 당신을 옭아매고 있을지 모른다. 어느 시점에 당신은 그 누구도 다시는 당신에게 상처 주지 못하게 하겠다고 무의식적으로 맹세했을지 모른다. 많은 사람들이 다시는 상처받고 싶지 않아 더는 교회에 나가지 않는다.

나는 그리스도의 몸을 이루는 지체들이 그들에게 꼭 필요한 것에서 멀어지는 게 안타깝다. 많은 사람에게 교회가 더는 안전한 곳이 아니라는 게 안타깝다. 그러나 우리는 고립되도록 설계되지 않았다. 그러므로 바로 지금, 조금 불편하더라도 전화를 걸어 첫 발을 내딛는다면 당신은 정말 좋은 곳으로 옮겨가게 될 것이다. 다음 발걸음을 내딛고 싶다면 계속 읽어라.

Be Real

5

진정한 용서는
절대 잊지 않는다

그러나 언제나 우리를 자유하게 한다

우리 집안사람들 대부분이 그렇듯이 오티스 삼촌과 매기 숙모는 약간 괴짜였다. 나는 두 분이 텍사스를 여행한 이야기를 아주 좋아한다. 차를 몰고 텍사스를 가로질러 서쪽으로 가야 했던 적이 있다면, 두 분이 얼마나 지루했을지 알 것이다!

〈그라운드호그 데이〉(Groundhog Day)라는 영화 같다(1992년 작품으로 우리나라에서는 〈사랑의 블랙홀〉이란 제목으로 개봉되었으며, 영화 속에서 매일 같은 일이 반복된다─옮긴이). 가도 가도 똑같은 풍경이 계속된다. 따분하기 이를 데 없다. 도대체 어떻게 자동차로 텍사스주를 횡단하는지 모르겠다.

오티스 삼촌과 매기 숙모는 아들을 태우고 론스타주(텍사스주의 속칭)의 중앙 평원들을 지나고 있었다. 그때 매기 숙모가 화장실에 가야겠다며 차를 세워달라고 했다. 틀림없이 큰 소리로 말했을 것이다. 이들은 어딘지도 모를 곳을 지나고 있었다. 그래서 평소에 꽤 느긋한 성격인 삼촌이 이렇게 말했다.

“여기서 100킬로미터쯤 가면 주유소가 있는데, 거기 화장실이 있을 거예요.”

“지금 농담하는 거예요?”

숙모가 쏘아붙였다. 그러고는 화장실이 급하다며 계속 투덜댔다. 마침내 출구가 나왔고, 삼촌은 주유소로 들어갔다. 숙모는 차에서 내려 화장실로 달려가는가 싶더니 곧바로 돌아와 뒷좌석에 올라타며 말했다.

“여긴 화장실이 너무 더러워서 안 되겠어요!”

오티스 삼촌이 말했다.

“좋을 대로 하구려!”

일행은 다시 출발했다. 물론 숙모는 여전히 화장실이 급했고, 다시 불평을 계속했다. 몇 킬로미터를 더 달리는 동안 계속 투덜댔다. 그러자 삼촌이 숙모에게 길가에서 볼일을 보라고 했다. 숙모는 거부했으나, 너무 급해 공중도덕을 신경 쓸 처지가 못 되었다. 삼촌이 길가에 차를 세웠다. 그리고 숙모에게 다른 차가 지나갈 때를 대비해 뒷문을 열어 프라이버시를 조금 확보하고 볼일을 보라고 일러주었다.

숙모가 차에서 내린 뒤 몇 분이 지났다. 삼촌은 문이 닫히는 소리를 들었다. 아들은 뒷좌석에서 자고 있었으므로 삼촌은 숙모가 뒷자리에 탔을 거라고 생각하고 출발했다. 그러나 뒷문을 닫은 사람은 잠에서 깬 아들이었다. 매기 숙모는 여전히 길가에서 볼일을 보고 있었다! 설상가상으로 다음 출구까지는 100킬로미터가 남아 있었다. 숙모는 삼촌이 돌아올 때까지 거의 2시간을 기다려야 했다.

상처 입은 사람이 상처 준다

이것은 우리 집안에서 전설로 통하는 숱한 사건 중 하나다. 그러나 매기 숙모의 불평과 오티스 삼촌의 실수에도 두 사람은 서로 사랑하고 결혼생활에 충실했던 게 분명하다. 관계의 비결은 '용서'였다.

이것은 단지 결혼생활을 지속하기 위한 교훈이 아니다. 척하기의 덫에서 빠져나와 하나님이 진정한 당신을 위해 준비하신 걸 받아들이는 일은 또한 그리스도인의 삶을 구성하는 근본적인 부분이다. 덫에서 영원히 벗어나기 위해서는 자신이 해야 할 용서가 있음을 깨닫는 게 아주 중요하다.

앞에서 진정으로 자신을 드러내는 첫걸음으로 친구에게 전화를 걸어 일종의 고백을 하라고 했다. 당신이 친구에게 한 이야기에 미진한 부분이 있는가? 당신이 지금도 안 좋게 느끼는 사람이 있는가? 누군가 당신에게 한 일에 화가 나거나 상처를 입었는가? 당신이 한 일이 부끄러운가?

우리에게 일어나는 일을 친구들에게 말하기 시작할 때, 종종 문제가 개선되는 게 아니라 갈수록 악화되는 것처럼 느껴진다. 엉킨 매듭을 풀어야 하고, 치료까지 필요하기 때문이다.

때로 우리를 가장 사랑하는 사람들이 우리에게 가장 큰 상처를 준다. 이들은 계속해서 우리를 불쾌하게 한다. 하나님은 우리가 서로 가까워질수록 상처 줄 가능성이 높다는 걸 아신다. 우리는 누구나 예외 없이 이런저런 문제와 약점이 있기 때문이다.

그래서 서로 용서하라고 명하신다. 아주 분명하게 말씀하시는 까닭은 용서를 위한 자리가 없을 때 한 영혼에게 무슨 일이 일어나는지 아시기 때문이다. 용서하지 않을 때, 당신은 덫에 걸려 옴짝달싹 못하게 된다. 이것이 자라 이른바 성경이 말하는 '쓴 뿌리'가 된다.

그러나 그분은 우리가 서로 정직하게 마음을 열고, 용서하길 원하신다. 우리가 용서하지 않을 때 자신을 얽매는 불안과 쓴 뿌리의 사슬이 아닌 자유를 경험하길 원하신다. 성경은 말한다.

> 그러므로 아들이 너희를 자유롭게 하면 너희가 참으로 자유로우리라
>
> 요 8:36

이 구절이 실제로 말하는 바에 주목하라. '만약 …하면'(if)이란 말은 이것이 자동적으로 이루어지는 게 아니라는 뜻이다. 우리가 그분으로 그렇게 하시게 해야 한다. "아들이 너희를 자유롭게 하면"이란 말은 우리가 아니라 그분이 그렇게 하신다는 뜻이다. "너희가 참으로 자유로우리라"는 말은 완전히, 전적으로 자유롭다는 뜻이다!

하나님이 우리를 자유롭게 하시는 까닭은 그러지 않으면 우리가 죄에 얽아매여 다른 사람들이 주는 상처로 인해 쓴 뿌리를 갖게 된다는 걸 아시기 때문이다. 그분이 우리를 자유롭게 하시는 목적은 그분이 우리를 위해 준비하신 진정한 삶을 우리가 온전히 누리게 하기 위함이다. 하나님은 자신의 백성이 사슬에 매여 성령께서 일하실 여지 없이 덫에 갇혀 있는 모습을 그대로 지켜보실 수 없다.

진정한 용서란

이런 자유를 가로막는 큰 장애물이 하나 있다. 용서하지 못하고 또 용서를 구하지 못하는 우리의 무능력이다. 언젠가 조이스 마이어 (Joyce Meyer)는 "불용(不容, unforgiveness)보다 마음에 더 큰 해를 끼치는 것은 없다"고 했다. 나는 여기에 "불용보다 나의 진실성을 더 크게 가로막는 것은 없다"라고 덧붙이고 싶다.

우리는 너나없이 이 부분에서 버둥댄다. 이유가 무엇인가? 누구에게나 문제가 있기 때문이다. 내게도, 당신에게도 문제가 있다. 당신에게는 문제가 없다고 생각한다면, 바로 그게 당신의 문제다! 우리는 제대로 용서하지 못한다. 실제로 용서가 무엇인지조차 모른다. 그것을 이해하면 용서를 실천하는 데 도움이 될 것이다.

진정한 용서는 누군가 당신에게 구할 때까지 기다렸다가 하는 게 아니다. 때로 우리는 누군가 우리에게 용서를 구하기 전에는 용서할 필요가 없다고 생각한다. 그러나 성경에는 이런 접근을 뒷받침하는 구절이 전혀 없다.

용서는 조건부 계약이 아니다. 진정한 용서는 무조건적이다. 아무것도 덧붙이지 않는다.

"만약 네가 다시는 그러지 않는다면 용서할게."

"만약 네가 먼저 이렇게 한다면 용서할게."

이것은 협상이며 거래에 지나지 않는다. 예수님은 십자가에서 두 팔을 벌리고 "아버지 저들을 사하여[용서하여] 주옵소서 자기들이 하는 것을 알지 못함이니이다"(눅 23:34)라고 하셨다. 예수님은 "만약

…하면 저들을 용서해주십시오”라고 기도하지 않으셨다. 우리 가운데 그 누구도 그리스도께 용서받을 자격이 없다. 그런데도 그분이 당신을 용서해주셨으니 기쁘지 않은가!

위대한 로마 역사가 키케로(Cicero, BC 106-43)에 따르면, 그리스도 시대에 십자가에 달린 자들은 너무나 고통스러워 신성모독적인 말을 내뱉으며 그 자리에 있는 모든 사람들을 저주했다. 그래서 십자가에 달리는 죄수의 혀를 자르는 게 일반적이었다. 그런데 우리가 알듯이 로마 군인들은 예수님의 혀를 자르지 않았다. 그래서 십자가에 달린 예수님은 마지막 일곱 가지 말씀을 하실 수 있었다.

예수님은 주변의 모든 사람들을 용서하셨다(눅 23:34). 함께 십자가에 달린 강도를 용서하셨다(눅 23:43). 자신의 어머니를 돌볼 사람을 정해주셨다(요 19:26,27). 하나님 아버지께 왜 자신을 버리셨냐고 큰 소리로 물으셨다(마 27:46). “내가 목마르다”(요 19:28)며 자신의 인성(人性)을 인정하셨다. 그런 후, “다 이루었다”(요 19:30)고 선언하시고, “아버지 내 영혼을 아버지 손에 부탁하나이다”(눅 23:46)라고 하셨다.

고통 중에서도 예수님은 당신의 삶이 순조롭지 않을 때라도 용서가 얼마나 중요한지 줄곧 본을 보여주셨다. 예수님은 왜 용서하셨는가? 우리도 용서할 수 있게 하기 위해서다. 왜 이렇게 하셨는가? 사람이 쓴 뿌리를 품고 살아갈 때 그 영혼에 무슨 일이 일어나는지 아시기 때문이다.

진정한 용서는 앙갚음이 아니다. 요셉을 보라(창 37-50장). 형들이 요셉을 노예로 팔아버렸다. 그러고는 거짓말을 했다. 보디발의 아내는 모두에게, 요셉이 자신을 겁탈하려 했다고 거짓말했다. 사실은 자신이 요셉을 어떻게든 유혹하려 해놓고서 말이다. 그러나 요셉이 그녀를 피해 달아나자 그녀는 거짓말을 했고, 요셉은 감옥에 갇혔다 (그녀는 자신이 교묘하게 위기를 모면했다고 생각했을 것이다. 그러나 그녀가 알지 못하는 게 있다. 이 이야기가 지금껏 출판된 가장 인기 있는 이야기책에 들어 있다는 사실이다).

요셉은 독기를 품을 수도 있었으나 그러지 않았다. 그는 자신에게 상처를 준 그 누구에게도 앙갚음하려 하지 않았다.

한편 진정한 용서는 상해(傷害)의 심각성을 축소하지 않는다. 당신은 이렇게 생각하는 경향이 있을지 모른다.

'괜찮아, 용서할 거야. 내게 별 상처가 안 되었는 걸.'

아니다. 실제로 당신에게 상처가 됐다.

'괜찮아, 별일 아닌 것 같아.'

아니다. 실제로 별일이었다.

'괜찮아, 일부러 그런 것 같지도 않은데.'

일부러 그러지 않았을 수도, 일부러 그랬을 수도 있다. 그러나 어느 쪽이든 일어난 일이 축소되지 않는다.

형들이 요셉을 판 지 여러 해가 지난 후, 그는 형들을 다시 만났다. 이때 형들을 죽일 권한이 있었으나 그러지 않고 이렇게 말했다.

"하나님이 큰 구원으로 당신들의 생명을 보존하고 당신들의 후손을 세상에 두시려고 나를 당신들보다 먼저 보내셨나니 그런즉 나를 이리로 보낸 이는 당신들이 아니요 하나님이시라"(창 45:7,8).

자신에게 일어난 다른 일들은 더 말할 것도 없고 형들의 배신이 자신에게 별 상처가 되지 않은 척하지 않았다. 이렇게 말한 후 곧바로 베냐민과 형들과 더불어 울었다. 그러나 자신의 마음에 쓴 뿌리가 내리도록 두지 않았기에 용서할 수 있었다.

용서하고 기억하라

때로 우리는 용서를 잊어야 한다는 뜻으로 생각한다. "용서하고 잊어라"가 우리의 모토다. 그러나 이렇게 말하는 성경 구절은 없다. 당신은 용서한다. 그러나 여전히 기억한다. 당신은 용서하고 잊을 능력이 없다. 잊으려 애쓸수록 더 기억난다. 그 사건을 반복해서 떠올리기 때문이다!

그러니 스스로 옭아맨 목줄을 풀어라. 받은 상처를 어서 잊으라며 자신을 몰아세우지 말라. 당신이 용서할 때, 당신을 옥죄던 기억의 고삐가 풀린다.

여러 해가 지난 후 형들을 다시 대면했을 때, 요셉은 형들이 한 짓을 기억했다. 그는 잊지 않았다. 심지어 형들에게 "당신들은 나를 해하려 하였으나"(창 50:20)라고 상기시켰다. 형들이 그를 배신하고 노예로 판 지 오랜 시간이 지났으나 그는 형들을 용서했다. 심지어 축복하고 안심시키기까지 했다(창 50:21). 더는 앙갚음을 원치 않을 때,

당신의 용서는 진짜다. 예수님이 당신 속에서 큰 일을 행하시면 과거에 대한 앙갚음은 더 이상 필요하지 않다.

누군가 당신에게 상처를 줄 때, 당신은 이렇게 생각할지 모른다.

'용서하면 그를 신뢰해야 해. 그가 다시 내 삶에 들어오게 해야 해.'

예를 들면, 당신은 남편에게 학대를 당했을지 모른다. 나도 그런 가정에서 자랐다. 학대는 실재다. 학대받고 있다면 엄폐물(掩蔽物)을 찾아라! 당신이 다시는 아무도 신뢰할 수 없다고 말하는 게 아니다. 사람은 분명히 회복되기 때문이다. 이런 경우를 자주 본다.

그러나 나는 지금 신뢰에 대해 말하는 게 아니다. 당신에게 상처 준 사람을 용서한 후에 그 사람을 나중에 신뢰하게 될 수도, 그러지 않을 수도 있다. 그러나 용서는 양쪽에 다 적용된다. 신뢰는 다시 쌓아야 한다. 신뢰는 얻어야 한다. 용서는 은혜에 기초하며 무조건적이다. 자격이 있어서 용서하는 게 아니다. 하나님께서 당신을 용서하셨기 때문에 당신도 용서하는 것이다.

압박을 받을 때

"용서받은 사람들이 용서한다!"

이렇게 말하는 사람을 많이 안다.

"하나님께서 저를 용서하셨어요. 하지만 저는 그 누구라도 용서하지 않을 짓을 한두 가지 했어요."

이런 사람들은 자신이 완전히 용서받았다고 느끼지 못하기 때문에 다른 사람들을 용서하는 데 애를 먹는다. 이 구절을 보라.

"누가 누구에게 불만이 있거든 서로 용납하여 피차 용서하되 주께서 너희를 용서하신 것같이 너희도 그리하고"(골 3:13).

우리는 하나님의 충만한 은혜를 경험할 때, 우리에게 상처를 준 사람들을 용서할 마음이 생긴다. 다른 사람들을 용서하지 못하는 건 자신이 실제로 용서받지 못했기 때문이다!

굵고 강한 팔로 오렌지를 꽉 쥐어짜면 무엇이 나오는가? 오렌지 주스가 나온다! 압력을 가하면 속에 있는 게 겉으로 나오기 때문이다. 당신 속에 불용(不容)이 가득하면 압력을 받을 때 불용이 튀어나온다. 기억하라. 갓 짜낸 쓴 뿌리는 절대 좋은 맛이 나지 않는다!

그리스도의 몸을 이룬 지체들의 가장 큰 문제는 정죄다. 자신을 정죄하고 남들을 정죄하는 것이다. 예수님이 어떻게 기도하라고 하셨는지 생각해보라.

"우리가 우리에게 죄 지은 자를 사하여 준 것같이 우리 죄를 사하여 주시옵고"(마 6:12).

예수님은 우리에게 이렇게 말씀하신다.

"나는 너희가 이렇게 기도하길 원한다."

"좋아요, 예수님! 제 삶에 용서가 필요합니다. 저는 실토하고 싶습니다. 주님처럼 되고 싶어요! 주님이 저를 용서하시듯이 저도 다른 사람을 용서하겠습니다."

그러면 예수님은 이렇게 말씀하실 것이다.

"나는 네가 그렇게 살길 원할 뿐 아니라 그렇게 기도하길 원한다."

당신에게 이 개념이 어려울 수 있다. 당신만 그런 게 아니다. 베드로는 3년 동안 제자로서 예수님을 따라다녔으나 이것을 이해하지 못했다! 그래서 주님에게 돌아가 용서를 수학 문제로 바꾸려 했다.

"주여 형제가 내게 죄를 범하면 몇 번이나 용서하여 주리이까 일곱 번까지 하오리이까 예수께서 이르시되 네게 이르노니 일곱 번뿐 아니라 일곱 번을 일흔 번까지라도 할지니라"(마 18:21,22).

'7'은 성경에서 특별한 숫자다. 베드로도 이것을 알았다. 그는 하나님이 세상을 엿새 동안 창조하신 뒤 일곱째 날에는 안식하셨고, 그 날을 거룩하게 하셨다는 걸 알았다. 그는 성경에서 일곱 날, 일곱 주, 일곱 해가 지난 후 어떤 일이 일어났다는 얘기를 숱하게 읽었다. 베드로는(그리고 성경에 능통한 모든 유대인은) 숫자 7이 '온전함, 완전함'을 상징한다는 걸 알았다.

베드로는 자신이 용서란 그저 의례적으로 "널 용서한다"는 말에 불과하지 않음을 알고 있다는 걸 밝힘으로써 주님을 감동시키려 했는지도 모른다. 그가 "일곱 번까지 하오리이까"라고 물었을 때, 십중팔구 이렇게 생각했을 것이다.

'유대 율법은 세 번까지만 용서하라고 말합니다. 그래도 저는 그 곱절에다 하나를 더해 완벽한 해답을 얻었습니다.'

어쩌면 베드로는 이렇게도 생각했을지 모른다.

'제가 그 사람을 완전히 용서해야 합니까?'

예수님은 "일곱 번뿐 아니라 일곱 번을 일흔 번까지라도 할지니라"라고 대답하셨다. 그냥 용서하는 게 아니라 완전히 그리고 지속적으로 용서하라는 것이다. 예수님이 이렇게 말씀하신 것과 같다.

"남은 평생 매일, 다시는 용서하지 않는 삶을 살지 않기로 선택하라. 언제나 용서하길 원하는 사람이 되고, 용서해야 할 때는 완전히, 계속해서 용서하라."

그러나 베드로는 여전히 이해하지 못했다. 그래서 예수님은 비유를 들어 설명하셨다.

그러므로 천국은 그 종들과 결산하려 하던 어떤 임금과 같으니 결산할 때에 만 달란트 빚진 자 하나를 데려오매 갚을 것이 없는지라 주인이 명하여 그 몸과 아내와 자식들과 모든 소유를 다 팔아 갚게 하라 하니 그 종이 엎드려 절하며 이르되 내게 참으소서 다 갚으리이다 하거늘 그 종의 주인이 불쌍히 여겨 놓아 보내며 그 빚을 탕감하여 주었더니 그 종이 나가서 자기에게 백 데나리온 빚진 동료 한 사람을 만나 붙들어 목을 잡고 이르되 빚을 갚으라 하매 그 동료가 엎드려 간구하여 이르되 나에게 참아주소서 갚으리이다 하되 허락하지 아니하고 이에 가서 그가 빚을 갚도록 옥에 가두거늘 그 동료들이 그것을 보고 몹시 딱하게 여겨 주인에게 가서 그 일을 다 알리니 이에 주인이 그를 불러다가 말하되 악한 종아 네가 빌기에 내가 네 빚을 전부 탕감하여 주었거늘 내가 너를 불쌍히 여김과 같이 너도 네 동료를 불쌍히 여김이 마땅하지 아니하냐 하고 주인이 노하여 그 빚을 다 갚도록 그를 옥졸들에게 넘기니라 너희가 각각 마음으로부터 형제를 용서하지 아니하면 나의 하늘 아버지께서도 너희에게 이와 같이 하시리라 마 18:23-35

하나님께서 '용서'라는 주제로 장난치시는 게 아니다. 이것은 제안이 아니다. 당신에게 용서하라고 요구하신다. 용서는 당신을 자유하게 하지만 불용은 당신을 통제하기 때문이다. 이것은 당신의 삶의 모든 부분에, 궁극적으로 당신의 운명에 영향을 미친다.

금덩어리 만 자루

우리는 모두 해결해야 하는 셈이 있다. 이 비유에서 금덩어리 만 자루 정도의 금액을 일컫듯 달란트는 천문학적 숫자였다. 당시 한 달란트는 15년치 임금에 해당했다. 그러므로 이 빚을 갚으려면 15만 년이 걸릴 터였다! 어떤 사람은 이 금액이 60억 달러(7조 원)에 이른다고 추정한다. 하여간 이 사람은 엄청난 돈을 빚졌다.

성경의 이 문맥은 우리가 하나님께 진 빚에 관한 내용이다. 따라서 우리가 그 빚을 갚을 길이 없음을 일깨운다. 그러나 사랑하는 우리 아버지께서 상상도 못할 큰 빚을 진 우리에게 은혜를 베푸신다. 하나님이 당신을 용서하려 하셨다는 게 기쁘지 않은가? 우리가 그분에게 진 빚을 생각하는 데만 해도 150번의 생애가 필요할 정도다!

많은 사람이 이렇게 말한다.

"그건 제 빚이에요. 그러니 제가 직접 갚겠어요. 사람들에게 자선을 베풀고 그들을 제가 마땅히 대해야 하는 것보다 더 친절하게 대하겠어요."

설령 사람들이 당신을 엄청나게 착한 사람이라고 칭찬하더라도 하나님께 진 긍휼의 빚을 절대 갚지 못한다! 당신이 버거킹 매장에 가서 이렇게 말한다면 어떨까?

"더블와퍼 둘에 마요네즈와 베이컨을 추가, 엑스트라라지 감자튀김에 케첩, 아이스크림 얹은 애플파이 둘 주세요. 아, 그리고 다이어트 콜라도 하나 주세요."

다이어트 콜라가 당신이 주문한 것들의 칼로리와 지방을 상쇄하지 못한다! 이처럼 우리는 아무리 열심히 노력해도 우리가 행하고 말하고 애쓰는 것으로 하나님의 용서를 절대 얻지 못한다. 그냥 받아들이는 수밖에 없다.

예수님 당시에는 구제금융이나 파산 제도가 없었다. 빚을 지면 갚아야 했다. 갚지 못하면 빚쟁이가 감옥에 넣을 수 있었다. 아이들과 아내까지 감옥에 넣거나 노예로 팔아버릴 수도 있었다. 이 비유의 이런 세세한 부분은 때로 당신의 불용이 당신의 온 가족에게 상처를 준다는 걸 일깨운다.

당신의 죄가 내게 상처를 주고, 내 죄가 당신에게 상처를 준다. 내가 집을 나가서 내 마음대로 산다면 아내에게 상처가 되지 않겠는가? 아이들에게는? 두말하면 잔소리다.

빚진 종은 무릎을 꿇고 주인의 자비를 구하면서 자신이 하지 못할 약속을 했다. 그가 아무리 열심히 노력하더라도 그 엄청난 금액을 갚을 길이 없었다. 그래서 어떻게 되었는가? 주인이 그에게 자비를 베풀었다. 바로 이 일이 우리 모두에게 일어났다. 하나님께서 우리를 불쌍히 여기셨다! 성경은 분명히 말한다. 도널드 트럼프(Donald Trump)가 서바이벌 리얼리티쇼 〈디 어프렌티스〉(The Apprentice)에 출연한

취업 지원자들을 평가하는 것처럼 우리를 그렇게 보지 않으셨다.

"당신의 투지가 마음에 들어! 잠재력이 있잖아. 고용하여 시간을 투자할 가치가 있어."

전혀 아니다! 우리는 반드시 알아야 한다. 하나님께서는 당신과 나를 보실 때 있는 그대로 보신다. 그분 없는 나를 보셨으며, 불쌍히 여기셨다. 그러지 않으셔도 그만이었다. 그러나 그게 그분의 본성이다. 우리가 아무리 사랑스럽지 못하게 느껴지고 실제로 그렇더라도 사랑하신다. 정죄하지 않고 불쌍히 여기신다. 예수님은 사람들을 보실 때, 언제나 보이는 그대로 사랑하셨다.

그리스도께서 무리를 보시고 불쌍히 여기셨다(마 9:36). 예수님은 마가복음 1장에서 나병환자를 보시고 불쌍히 여겨 깨끗이 치유해주셨다(41절). 누가복음 7장에서는 막 외아들을 잃은 과부를 불쌍히 여겨 그 아들을 다시 살려주셨다.

영어 성경에서 가장 짧은 구절은 "예수께서 눈물을 흘리시더라"(Jesus wept, 요 11:35)이다. 예수님은 어려운 사람들을 불쌍히 여기셨다. 그분은 당신을 불쌍히 여기신다. 당신을 사랑하길 매우 좋아하신다!

어때, 좀 더 해줄까?

이 진실은 우리가 완전히 이해하기 힘들 수 있다. 나는 용서를 잘하는 편이 못 된다. 때로 나는 점수를 매기기까지 한다. 언젠가 퇴근한 후, 그날 학교에서 어떤 남자아이가 내 딸에게 상처를 주었다는 얘기를 들었다. 딸은 겨우 여덟 살이었는데, 남자아이가 학교 복도에서 딸을 밀치고 무안을 주었다고 했다. 나는 화가 머리끝까지 났다! 아내는 아주 성숙하고 영적인 행동을 보이며 말했다.

"용서해야 해요. 기도해야 해요!"

"농담하는 거야?"

나는 생각했다.

'내 딸에게 그 녀석을 보란 듯이 걷어차 주는 법을 가르칠 거야. 그 녀석의 특정 부위를 어떻게 걷어차는지 가르칠 거라고. 그 녀석을 고꾸라뜨릴 부위 말이지. 그 녀석이 고꾸라지면, 그 녀석의 코에 니킥(knee kick)을 날려주라고 해야지. 그럼 코피가 날 거야.'

나는 여전히 용서를 더 배워야 한다. 예수님이 나를 불쌍히 여기셔서 얼마나 감사한지 모른다.

불행하게도 모든 사람이 하나님이 우리에게 제안하시는 걸 기꺼이 받아들이지는 않는다. 당신이 자신의 빚을 깨달을 때 두 가지 반응이 일어날 수 있다. 첫째, 무릎을 꿇을 수 있다. 좋은 생각이다! 둘째, 스스로 노예가 될 수 있다. 안 좋은 생각이다!

기억하라. 갈라디아서 5장 1절은 그리스도께서 우리를 자유롭게 하려고 자유를 주셨다고 말한다. 바로 뒤이어 다시는 종의 멍에를 메지 말라고 경고한다. 조심하라! 불용은 당신을 옭아맨다. 불용은 "넌 내게 빚졌어!"라고 말한다. 그것은 자기 스스로 일을 처리하려는 것이다.

여기서 예수님의 비유는 더욱 흥미로워진다. 기억하라. 무릎을 꿇은 사람이 "나의 엄청난 빚을 탕감(용서)해주십시오"라며 간청하자 그의 주인은 "좋다. 너는 탕감(용서)받았다"고 대답했다. 그러자 그는 "정말 감사합니다!"라고 말하고는 자신이 방금 무엇을 받았는지 제대로 깨닫지 못한 채 밖으로 뛰쳐나갔다.

교회에서 하나님의 은혜와 용서에 관해 듣고 미소를 지으며 고개를 끄덕이고 달라지지 않은 채 교회 문을 나서는 숱한 사람들처럼, 이 사람도 용서라는 선물을 경험하지 못했다. 생각해보면 우스꽝스럽지만 이후에 일어난 일을 살펴보라.

무려 60억 달러나 탕감받은 사람이 밖으로 나오자마자 한 일이 겨우 17달러(100데나리온) 빚진 동료의 멱살을 잡고 빚을 갚으라고 윽박지른 것이다. 한 발 물러나 어쩌면 그렇게 우둔할 수 있는지 생각해보면 정말이지 믿기 어렵다. 이 장면은 잘 이해가 되지 않는다.

그러나 주님은 이 이야기를 통해 우리의 주의를 집중시키신다. 어떻게 방금 수십 억 달러를 탕감받은 사람이 돌아서자마자 이렇게 적은 빚에 화를 낼 수 있는가!

이 사람은 미쳤다. 그러나 생각해보면 나도 똑같은 짓을 했다! 사소한 일에 화가 나서 현행범이 될 뻔했다. 어느 주일에 나를 향한 하나님의 은혜와 사랑을 깊이 느꼈다. 그리고는 바로 고속도로에서 누군가에게 화를 냈다. 그가 뒤에서 나를 자극했고, 내 앞으로 끼어들어 속도를 늦추었다. 그가 나를 도로 밖으로 밀어내려는 것 같았다. 나는 너무나 화가 나서 실제로 그 녀석을 패주고 싶었다. 그런데 알고 보니 교인이었다!

내가 그에게 잘못된 행동을 했다면 어떻게 되었겠는가? 생각만 해도 얼굴이 화끈거렸다. 상대방이 모르는 사람이었다면 나는 유혹에 넘어갔거나 적어도 속으로 화를 냈을 것이다. 내가 말하려는 핵심은 우리는 모두 많은 걸 용서받았음에도 작은 것에 화를 내는 경향이 있다는 것이다.

비유 끝에서 주인이 이 사람을 가리켜 "악하다"라고 한 것에 주목하라. 그가 어느 제3세계 국가의 국가 채무만큼 엄청난 금액을 탕감받은 후에 한 사람의 조그마한 빚을 탕감해주지 않았기 때문이었다(마 18:32). 주인은 크게 노했다! 이 사람이 깨닫지 못해 화가 났다. 우리를 향한 하나님의 자비와 용서를 실제로 경험했다면 그 자비와 용서를 타인들에게 베풀지 않을 수 없다는 걸 아시기 때문이다. 그분의 용서는 우리를 겸손하게 한다. 우리의 교만과 척하기를 한 꺼풀씩 벗겨낸다.

은혜는 우리에게 덧칠된 도료를 한 꺼풀씩 벗겨내는 페인트 제거액과 같다. 하나님은 우리를 다른 사람들에게 보여주기 쉬운 얇은 합판으로 두지 않고 원목 자체로, 곧 진정한 나 자신으로 회복시키신다. 하나님은 우리를 진실하게 하신다.

우리의 모든 죄를 사하시고 우리를 거스르고 불리하게 하는 법조문으로 쓴 증서를 지우시고 제하여 버리사 십자가에 못 박으시고 골 2:13,14

응어리

누군가를 용서하기로 결정할 때 당신은 성장하기 시작한다. 당신이 용서가 들어설 자리를 낼 때 하나님의 임재가 그곳에 몰려든다. 그러나 이렇게 하지 않을 때, 당신은 옴짝달싹 못한다. 스스로 갇힌 그곳은 안전하지도 못하다! 사실, 주님은 이 비유에서 종이 옥졸에게 넘겨져 빚을 다 갚도록 고통을 당하리라고 하셨다(마 18:34).

이 과정은 흔히 우리가 어떻게 갇히는지 깨닫지도 못한 채 일어난다. 십대 시절에 술을 조금 마시기 시작했다가 알코올에 중독되고 마약에 손을 대면서 결국 마약 중독자가 된 사람을 본 적이 있는가? 비디오테이프를 10년 후로 돌려보자. 당신은 그를 열다섯 살 때 마지막으로 보았다. 그는 지금 스물다섯 살이다. 어떻게 됐겠는가? 그의 삶의 방식이 그대로였기 때문에 열다섯 살 때와 똑같을 것이다. 그 사람의 성숙도가 이전과 똑같을 것이다.

용서하지 않을 때 바로 이런 일이 일어난다. 과거에 옴짝달싹 못하고 갇힌 격이다. 응어리(bitterness)가 이렇게 만든다. 이것은 자신이 독을 마시고는 상대방이 죽길 기다리는 것과 같다. 그것은 상대방이 아니라 나 자신을 괴롭힌다. 상대방에게 앙갚음하고 있다고 생각하지만 사실은 자신을 해치고 있을 뿐이다. 이와는 반대로, 용서는 당신을 이런 고통에서 해방한다. 누군가를 용서하기로 결정할 때 당신은 성장하기 시작한다.

남들을 용서하지 않으면 당신이 창조된 본래 모습에 결코 온전히 이르지 못한다. 진정한 나 자신이 되지 못할 것이다. 과거에 갇히면 하나님께서 당신을 위해 계획해두신 미래에 들어갈 수 없다.

최근에 한 여성이 우리 교역자에게 말했다.

"제게 상처를 준 사람들을 미워하길 그친다면 그들이 이기는 거잖아요!"

내 대답은 이것이다.

"아뇨, 당신이 이기는 겁니다!"

예수님은 이 비유뿐 아니라 자신의 행동과 가르침과 죽음에서 용서 또는 불용이 당신이 영적으로 어떻게 성장하느냐를 결정한다는 점을 분명히 하셨다. 예수님은 이렇게 말씀하셨다.

> 너희가 사람의 잘못을 용서하면 너희 하늘 아버지께서도 너희 잘못을 용서하시려니와 너희가 사람의 잘못을 용서하지 아니하면 너희 아버지께서도 너희 잘못을 용서하지 아니하시리라 마 6:14,15

당신은 깨닫지 못할지 모른다. 그러나 당신 때문에 이 말씀을 들어야 하는 사람들도 있다. 당신은 누군가에게 상처를 주었다. 나도 마찬가지다. 신학교에 다닐 때, 사람들을 사랑하고 믿는 목사가 되겠다고 수천 번도 더 결심했다. 그런데 변호사인 한 여자와 그 딸이 교회를 조종하기 시작했다.

나는 하루빨리 그녀를 만나 바로잡아주고 싶었다. 그녀가 내 사무실로 찾아왔고, 나는 질문을 시작했다. 그녀는 논쟁의 대가였다. 마치 자신이 배심원 앞에 있는 듯이 자신을 변론하기 시작했다. 나는 갑자기 화가 나서 그녀에게 비난을 한바탕 퍼부었다. 그녀는 반격했고, 내 사무실은 전쟁터 같았다.

나는 전에 없이 화를 내고 신랄해졌다. 내가 그녀를 공격하면 그녀가 수그러들었다. 더 강하게 공격하면 더 수그러들었다. 나는 기세등등하게 몰아붙였고, 더 큰 소리를 냈으며 그녀는 훨씬 더 움츠러들었다. 나는 마침내 이렇게 말했다.

"이제 아시겠어요? 할 말 없으시죠? 여기서 나가주세요."

나는 그녀를 문까지 배웅한 후 복도를 걸어가는 모습을 지켜보았다. 그녀는 올 때보다 십 년은 늙어 보였다.

이 사건은 내게 큰 충격을 안겨주었다. 나는 내가 결코 원하지 않던 바로 그런 사람이 되어 있었다. 그녀를 찾아내서 연락이 닿기까지 오랜 시간이 걸렸다. 나는 그녀에게 용서를 구하고 나 자신도 용서할 수 있었다. 그러나 그녀는 교회로 다시 돌아오지 않았고, 이것은 오늘까지 내게 슬픔으로 남아 있다.

용서를 연습하라

대부분의 경우에 나는 즐거운 사람이다. 그러나 아무리 열심히 노력해도 여전히 인간이라는 사실을 이따금 깨닫곤 한다. 한 사건이 떠오른다. 그 사건을 통해 용서에 관한 겸허한 교훈을 얻었다.

친구 목사가 죄에 빠졌는데, 그 죄를 덮고 거짓말을 하다가 결국 CNN 뉴스에까지 등장했다. 모두 이렇게 생각했다.

'세상에 어떻게 저런 목사가 다 있을까?'

나는 사무실에 틀어박혀서 벽을 보며 생각에 잠겼다.

'주먹으로 저 벽을 뚫어버릴 거야!'

나는 충격에 빠졌고, 온갖 감정이 들끓었다. 분노, 슬픔, 좌절, 실망, 배신, 더 큰 분노. 아내는 그런 나를 걱정했다. 내 친구 빌리 혼즈비가 전화를 걸어 이렇게 말했다.

"비젯, 이렇게 살다간 폐인 되겠어. 그를 용서하게."

나는 무릎을 꿇고 용서하지 못한 걸 회개했으며 내 친구를 용서하기로 했고 곧바로 자유를 느꼈다.

나는 그곳으로 돌아가고 싶지 않다. 그곳에서 살고 싶지 않다. 하나님이 당신과 내게 약속하시는 자유를 누리며 살고 싶다. 자유를 잃지 않으며, 열매를 풍성히 맺고, 확신을 가지며, 하나님과 또 이웃들과 진정한 관계를 누리려면 어떻게 해야 하는가? 이것은 사람들을 용서하고 점수를 매기지 않는 것과 깊은 관련이 있다.

아무리 어려워 보여도 진실하려면 용서해야 한다. 결혼생활에서 배우자를 용서하라. 그러지 않으면 경쟁하게 되고 점수를 매기기 시작한다.

"이만큼 사는 게 다 다 누구 덕인 줄 알아? 애들은 누가 키웠어? 돈은 누가 벌어 오는데? 누구 하나 나한테 고마워하기나 해? 내 필요는 누가 채워줄 건데?"

끝이 없다. 당신은 정말 이런 곳에 살고 싶은가? 당신은 정말로 하나님의 용서를 알면서도 자신에게 빚진 사람의 목을 죄는 그런 사람이 되고 싶은가? 누군가를 용서하기로 결정하는 건 이렇게 말하는 것과 같다.

"당신은 더 이상 내게 빚진 게 없어요. 나는 당신에게 받아낼 빚이 없어요. 나는 이렇게 살기로 선택했어요."

이것이 진실함의 기초다. 척하는 자들은 용서하는 척하고, 돌아서서 주변 사람의 멱살을 쥔다. 투명하고 진실한 사람들은 날마다 용서를 연습한다.

당장 연습하자. 말하라. 당신에게 상처를 주었기에 머릿속에서 떠나지 않는 사람을 떠올려보라. 그들을 생각하며 말하라.

"당신을 용서합니다. 당신을 놓아줍니다. 당신은 더 이상 내게 빚진 게 없습니다. 그리스도의 능력과 그분이 내게 주신 용서의 능력을 통해 내 삶에서 불용의 권세를 깨뜨립니다!"

다음에 또 이런 일이 일어날 때, 즉 누군가 당신에게 상처를 주거나, 고속도로에서 얌체처럼 끼어들거나, 누군가 당신에 대해 비열하거나 불쾌한 말을 할 때 무시하라. 다시 용서하라. 놓아주라. 당신을 향한 하나님의 용서를 더 받아들여라! 당신의 삶이 바뀔 것이다. 용서는 진실해지는 비결이다.

Be Real

6

관계에서 진실하기

무리, 동료, 절친

여러 해 전, 아름다운 드레스와 멋진 음식으로 꾸며진 동화 같은 결혼식의 주례를 맡았다. 그러나 이 예식을 최고로 꾸미려고 투자한 모든 시간과 돈, 에너지는 신부가 그렇게도 원하던 해피엔딩을 낳지는 못했다. 신랑은 나타났지만 하객은 많지 않았다.

신부는 평생 아주 웅장하고 멋진 결혼식을 꿈꿨다. 그래서 남자친구가 청혼을 하자마자 날짜를 잡고 일찌감치 채플을 예약했다. 여기서 말하는 '채플'은 회중석 의자가 여섯 줄뿐인 예스러운 소박한 공간이 아니다. 엄청나게 컸다! 회중석이 수백 개였고, 그 지역에서 가장 큰 교회에 견줄 만했다.

나는 신부의 계획과 결혼식 장소를 듣자마자 곧바로 문제를 감지했다. 이 아가씨가 우리 교회의 사역에 참여하는 걸 여러 해 지켜본 바에 의하면, 그녀는 친한 친구가 많지 않았다. 사람들을 자신보다 못한 것처럼 대했고, 주변 사람들을 대놓고 비난하기 일쑤였다. 그런가 하면 뒤에서는 친구들의 험담을 늘어놓았다. 결국 사람들은 그녀의 곁에 더 이상 붙어 있지 않았다. 이들이 떠난 건 그녀의 처신 때문이었다.

결혼식 전날 밤 리허설을 하는데, 신부가 이쪽에서는 사람들에게 불평하고, 저쪽에서는 거칠게 명령하며, 약혼자에게 이래라저래라 하여 전체적인 분위기를 아주 불쾌하게 만들었다. 신부들은 스트레스를 많이 받고, 특히 큰 일을 앞둔 전날은 더하다는 건 이해한다. 그러나 불행히도 이 신부에게는 이런 행동이 일상이었다.

초대장을 얼마나 보냈는지 아무도 말해주지 않았다. 그러나 차려진 음식으로만 짐작컨대 틀림없이 2,3백 명은 초대했을 것 같았다. 그러나 결혼식 시간이 임박했는데도 채플은 한산했다. 몇 분 더 기다렸으나 한 사람도 더 오지 않았다. 신부 가족과 신랑 친구들이 없었다면 채플은 텅 비었을 것이다. 매우 안타까웠다. 비록 신부가 뼛속까지 심술쟁이였지만 그렇더라도 불쌍했다.

신부는 이런 일이 벌어질 수 있다는 걸 몰랐을까? 어떻게 자신이 친구라고 생각한 사람들이 자신을 친구로 여기지 않는다는 사실을 몰랐을까? 주위에 진실을 말해줄 사람이 하나도 없었던 걸까?

자신이 결혼할 때 식장이 텅 비길 바라는 사람은 없다. 우리는 특별한 사람들이 우리의 중요한 순간에 함께해주길 바란다. 좋은 일이든 안 좋은 일이든 친구들이 주위에 있길 바란다. 우리를 걱정해주는 사람들이 필요할 때 우리 곁에 있길 바란다.

블라인드 오디션

앞서 우리 교회 찬양 인도자가 〈아메리칸 아이돌〉이라는 오디션 쇼에서 우승했다는 얘기를 했다. 나는 크리스가 참가하기 전에는 이 프로를 보지 않았다. 그러다가 아메리칸 아이돌 버스가 방방곡곡 돌아다니며 내일의 스타를 가려낼 때마다 엄청나게 많은 사람들이 오디션에 참가하는 모습을 보고 깜짝 놀랐다.

처음 몇 주는 이 프로를 보면서 많은 참가자의 실력이 형편없는 데 더 크게 놀랐다. 그야말로 끔찍했다! 이들이 노래할 때 귀를 닫고 텔레비전을 향해 뭔가 집어던지고 싶었다. 알아듣지도 못할 노래를 쥐어짜낼 때면 이런 생각이 들었다.

'도대체 뭐야? 너는 네 목소리가 끔찍하다고 솔직하게 말해줄 친구가 하나도 없니?'

없는 게 분명했다. 노래로 겨루는 또 다른 오디션 쇼 〈더 보이스〉(The Voice)는 이른바 '블라인드 오디션'을 하는데, 충분히 이해가 된다. 심사위원들은 참가자를 보지 못한다. 그들의 노래만 듣고 다음 라운드로 올려보낼지 결정한다. 그러나 귀를 막고 하는 오디션(deaf audition)은 어디에도 없다! 노래 부르기를 좋아한다면 당신의 실력이 어떤지 진실을 말해줄 친구가 있어야 한다.

나는 노래 부르기를 좋아한다. 샤워하거나 운전할 때, 교회에서 즐겁게 흥얼거리곤 한다. 그러나 조만간 앨범을 낼 것 같지는 않다. 하지만 텔레비전에서 본 어떤 사람들보다는 내가 노래를 더 잘 한다! 당신은 어떤가? 당신에 관해 진실을 말해줄 친구가 있는가? 당신이 무슨 얘기를 해도 괜찮을 친구가 있는가? 평생 당신에게 충실할 친구가 있는가?

많은 사람이 이런 친구 없이 인생 여정을 걷는다. 이들은 꾸며낸 우정과 가상의 친밀감뿐인 외로운 곳에서 살며 나중에야 자신이 우정이라고 생각했던 게 사막의 신기루였음을 깨닫는다. 앞서 말한 신부처럼 가장 축하받고 싶은 순간에 고통스런 깨달음을 얻는다. 어떤 사람들은 바닥까지 추락해 예상치 못한 위기를 벗어나도록 도와줄 사람이 필요할 때에야 비로소 자신에게 진정한 친구가 없다는 사실을 발견한다.

우리가 진실하게 되기 위해서는 우리 자신과 하나님께 진실해야 한다. 더불어 주변 사람들에게도 진실해야 한다. 하나님은 우리를 공동체의 일원으로 지으셨다.

우리는 친구들이 필요하도록 그리고 친구가 되어주도록 설계되었다. 하지만 자주 우리는 잘못된 이유에서 친구인 체하는 이들을 기쁘게 하려는 데 골몰한다. 우리는 남들이 원하는 자신이 되려 한다.

또한 거부당할까 봐 두려워서 사람들에게 자신의 멋지고 꾸며진 부분만 보여준다. 사람들에게 그들이 얼마나 열등한지 일깨워주면 그들이 우리의 우월성을 필요로 할 거라고 생각한다. 그러나 우리들 대부분은 이런 가면 중 어느 쪽도 궁극적으로 효과가 없다는 걸 안다. 자신을 기꺼이 공격에 노출할 때에야 진정한 우정이 생겨난다.

좋은 소식이 있다. 아직 늦지 않았다! 당신이 나이가 들었든 어리든 참된 우정이 가능하다. 얼마나 많은 실수를 했으며 얼마나 많은 사람에게 상처를 받았는지도 문제가 되지 않는다. 하나님께서는 친밀한 관계를 갖도록 당신을 창조하셨다. 그러나 당신이 그 복을 받으려면 삶을 어느 정도 바꿔야 할지도 모른다.

변화될 준비가 되었는가? 가면을 벗고 당신이 갖고 싶은 그런 친구가 될 준비가 되었는가? 그렇다면 계속 읽어라. 당신의 관계에서 진실해져야 할 때다.

무리와 함께

가장 친밀한 친구부터 일상에서 마주치는 다양한 사람들까지 좋은 관계의 정도는 다양하다. 정도는 다르나 이 각각의 관계 모두 중요하며, 당신이 허용한다면 다양한 방식으로 당신의 행복에 기여할 수 있다. 우리의 관계는 하나하나가 특별하다. 그렇더라도 대부분의 관계는 무리, 동료, 절친 이 세 범주로 분류된다.

이렇게 결론내린 건 내 경험에 의한 게 아니다. 예수님의 삶에서 이 세 가지 관계 유형을 볼 수 있기 때문이다. 더 나은 역할 모델이 어디 있겠는가? 예수님은 모두에게 친구였다! 그렇더라도 당신이 70억이 넘는 이 땅의 모든 사람과 친구가 되길 기대하지는 않으신다. 당신이 하나님이 아님을 아시기 때문이다. 그러나 핵심은 예수님은 친구가 아주 많으셨다는 것이다.

어디를 가시든 사람들을 고쳐주셨고, 귀신을 쫓아내셨으며, 주린 자들을 먹이셨고, 들으려는 자들을 가르치셨다. 많은 사람들을 고쳐주셨고, 자신을 고발하는 종교 지도자들에게 맞서셨다. 언제나 놀라운 일을 행하셨다. 일단 공적 사역이 시작된 후에 예수님은 소셜 미디어가 필요 없으셨다. 그분과 사람들 간의 교류는 너무나 강력하고 진실했기에 사람들이 곧바로 달라졌고, 소문은 들불처럼 번졌다!

점점 많은 사람이 예수님을 따르기 시작하면서 말 그대로 무리가 형성되었다. 무리가 점점 커졌는데도 관계에는 아무 문제가 없었다. 그분은 무리를 사랑하셨다. 사람을 사랑하셨기 때문이었다. 원수들도 있었으나 친구가 훨씬 많았다.

5천 명이 호숫가에서 예수님을 따른 적도 있다(요 6:1-13). 엄청나게 많은 무리가 예수님을 따랐다! 그래서 이들에게서 벗어나시는 게 불가능할 때가 많았다. 그저 그분에게 끌리는 사람들이 너무나 많기 때문이었다. 나는 이런 관계를 '무리'(the crowd)라고 부른다.

무리 속 친구가 필요하다

무리를 주목하는 게 중요하다. 그러지 않고 자기 세계에 갇혀 자기 일만 하면 세상이 빠르게 변한다는 걸 깨닫지 못한다. 축복하고 또 축복받을 기회를 놓칠 수 있다.

얼마 전, 리틀 록 중심에 자리한 아칸소드림센터의 어느 자원 봉사자가 직장 일로 바쁜데도 일부러 시간을 내어 어린 소녀와 교제하는 시간을 가졌다. 이들은 그저 함께 어울리며 즐거운 시간을 보냈다. 점심 먹고, 영화 보고, 쇼핑을 했다.

최근에 소녀의 생일이었기에 액세서리 가게를 찾았다. 그때 소녀가 말했다.

"생일에 제일 받고 싶은 선물이 뭐였는지 아세요? 큰 T자가 달린 목걸이에요. 교회에 다니는, 하나님을 믿는 사람들이 하는 목걸이 말이에요."

소녀는 십자가를 전혀 몰랐고, 그걸 어떻게 불러야 하는지조차 몰랐다! 소녀에게 십자가는 알파벳의 한 글자였다.

여기는 아칸소, 바이블 벨트다(Bible Belt, 미국의 중남부와 동남부에 걸쳐 복음주의 교회공동체가 밀집된 지역)! 주변에서 일어나는 일에 주목해야 한다. 그러지 않으면 하나님과 관련된 건 무엇이든 점점 더 적대시하는 문화에서 점점 더 겉돌게 된다. 당신의 신앙을 자연스럽게 나눌 분명한 기회를 놓치게 된다.

당신은 잘 모른다. 아이와 나누는 대화, 낯선 사람에게 건네는 친절한 말 한 마디, 예의바른 행동 하나가 누군가의 삶은 물론 당신의 삶도 바꿔놓는다는 걸.

하나님께서는 당신이 그분처럼 친구를 폭넓게 두길 바라신다. 당신은 함께 운동을 하고, 쇼핑을 하고, 스포츠 경기를 보는 등 무엇이든 함께할 친구들이 있어야 한다. 어떤 친구들은 가깝고, 어떤 친구들은 더 가깝다. 그러나 대부분은 표면적으로 아는 친구일 뿐이다. 괜찮다! 무리 속에 가까운 정도가 다양한 친구들이 없으면 늘 진지하거나 피상적이 되고 만다.

진지한 게 꼭 나쁜 것은 아니지만 늘 좋은 것도 아니다. 자신에 대해 너무 진지하게만 여기면 기쁨을 경험하지 못하기 때문이다. 즐거움을 잃게 된다. 아무도 당신 곁에 있으려 하지 않는다. 그러면 스스로 상처 받고 거부당했다고 느끼며, 다시는 그 누구도 필요 없다고 다짐하게 된다. 그나마 있던 친구들도 떠나간다!

반대로 단지 아는 사람들밖에 없을 때도 다르지 않다. 자신을 진지하게 여기지 않고, 점검하지 않으며, 책임감이 없으면 결국 어떻게 될지 추측하는 건 별로 어렵지 않다. 많은 사람을 알고 숱한 무리와 어울리지만 무리 수준의 관계를 넘어서서 아는 사람이 하나도 없다. 모든 걸 겉모양과 예의바른 짧은 대화로 판단한다.

자신의 무리를 알아야 한다

무리와 교류할 때는 균형을 유지해야 한다. 그들이 모두 당신의 동료나 절친이 되지는 않을 테지만 몇몇은 될 것이다. 시간이 흐르면 삶의 변화에 따라 무리도 바뀐다. 이사를 하거나, 직장을 옮기거나, 교회를 옮기면서 다른 무리를 만나게 된다.

아이들이 자라서 학교나 과외 활동에 참여하게 되면서 당신의 무리도 발전한다. 어떤 해에는 당신의 딸과 같은 축구팀에 속한 아이들의 부모를 알게 된다. 이듬해에는 연극부에 속한 아이들의 부모를 알게 된다. 우리는 우리의 무리를 통제할 수 없다. 그러나 그들과 함께 달라질 수 있다.

그렇다면 건강한 관계의 기초를 갖는다는 건 무슨 뜻인가? 당신의 무리를 알아야 한다. 그들은 당신에게 관점을 제시하며, 무리가 다양할수록 당신의 관점도 넓어진다. 세상과 삶과 자신의 상황을 보는 시각 말이다. 이들은 당신이 마트, 경기장, 교회, 그 외에 어디서든 매일 마주치는 사람들이다. 이들의 가장 좋은 친구가 되려고 노력하지 않더라도 시간이 흐르면 교류하는 사람들을 어느 정도 알게 된다. 큰 규모의 공동체와 연결되는 건 중요하다. 단지 교회나 지교회를 말하는 게 아니다. 모든 사람에게 해당하는 이야기를 하고 있다.

당신의 무리와 건강하고 균형 잡힌 관계에 있는가? 어쩌면 지금 당신이 속한 무리가 없는 것처럼 느껴질지 모른다. 어느 쪽이든 바르고 균형 잡힌 관계를 이루기란 아주 쉽다. 일단 익숙해지면 간단하다. 사람들을 주목하기 시작하라.

당신이 어디에 있든, 무엇을 하든 상관없다. 그저 주변 사람들을 주목하라! 마트 계산원인 캐럴의 기분이 좋은지 안 좋은지에 주목하라. 그녀는 대체로 기분이 좋지만, 오늘도 그런가? 당신의 자동차 수리공이나 치과 상담자, 특별 프로젝트를 함께 맡은 동료는 어떤가?

모든 사람에게 가장 가까운 친구가 될 필요는 없다. 그러나 이들을 주목하고 인정하라. 사실 더 낫고 더 못한 사람이 없다. 우리는 특정한 역할과 특정한 규정에 얽매여 서로 진실하지 못하는 경향이 있다.

계산원은 단지 당신의 돈을 받고 잔돈을 거슬러주는 사람이 아니다. 그녀는 누군가의 엄마고, 언니며, 아내고, 딸이다. 암을 이겨낸 강한 사람이고, 누군가의 가장 좋은 친구며, 교회 봉사자다. 당신의 컴퓨터를 고쳐주는 사람도 혼자 아이를 키우는 아빠고, 제대 군인이며, 교회 집사고, 그릴 요리 대가다.

무슨 일을 하든 우리는 모두 '사람'이다! 이것을 기억하고, 하나님의 사랑을 우리가 만나는 모두의 삶에 가져다줄 기회를 찾아야 한

다. 예수님은 무리를 모두 만나 치유하고 안아주지는 않으셨다. 그
렇더라도 한 사람 한 사람에게 엄청난 영향을 미치셨다. 우리도 그렇
게 할 수 있다.

여행 친구

무리 속에서 당신을 이해하는 몇몇을 찾아내는 것도 중요하다. 이
들은 무리보다 소규모로서 당신이 더 많은 시간을 함께할 친구들이
다. 내가 '동료'(companions)라고 부르는.

인생길에 동행할 가까운 친구들이 있는 건 정말 좋은 일이다. 이들
은 당신의 단짝이고, 당신이 가까이 지내길 좋아하는 사람들이다. 때
로 당신의 여행 친구가 되기도 한다.

보드로와 디보도는 가장 좋은 단짝이다. 이들은 가까이 지내길 좋
아한다. 이들은 언제나 서로에게서 얻어먹으려 한다. 언젠가 보드로
가 상자를 옮기고 있었는데, 디보도가 그게 뭐냐고 물었다.

"부댕 소시지."

"난 몇 개 들었는지 알지."

"절대 모를 걸. 맞추면 둘 다 주지."

"틀림없어, 세 개야."

이게 진짜 친구다. 손을 뻗어 당신의 상자에 든 건 무엇이든 꺼내
먹는 사람이다.

예수님은 사역을 시작하실 때, 사실상 무명이었다. 그분이 열두 살

때 성전 제사장들과 대화를 하셨다는 기록이 있긴 하지만, 사역을 시작하시기 이전의 생애는 알려진 것이 별로 없다. 그래서 실제로 얼마나 많은 사람이 그분을 알고 있었을지 추측만 할 뿐이다.

그러나 예수님이 세례 요한에게 세례를 받으신 후 가장 먼저 하신 일 중에 하나는 가까이 지낼 몇몇 친구, 즉 베드로, 안드레, 야고보, 요한을 선택하신 것이었다.

갈릴리 해변으로 지나가시다가 시몬과 그 형제 안드레가 바다에 그물 던지는 것을 보시니 그들은 어부라 예수께서 이르시되 나를 따라오라 내가 너희로 사람을 낚는 어부가 되게 하리라 하시니 곧 그물을 버려 두고 따르니라 조금 더 가시다가 세베대의 아들 야고보와 그 형제 요한을 보시니 그들도 배에 있어 그물을 깁는데 곧 부르시니 그 아버지 세베대를 품꾼들과 함께 배에 버려 두고 예수를 따라가니라 막 1:16-20

예수님이 이들을 선택하셨을 때, 그분이 훨씬 깊은 관계를 위해 자신들을 선택하셨다는 걸 알지 못했다. 이들은 자신들이 단지 무리 중 일부라고 생각했다. 그러나 이들은 그분의 가장 가까운 동료가 되었다. 나는 예수님이 진실하셨다는 사실이 좋다. 초대교회도 진실했다. 사도행전은 이렇게 말한다.

"날마다 마음을 같이하여 성전에 모이기를 힘쓰고 집에서 떡을 떼며 기쁨과 순전한 마음으로 음식을 먹고"(2:46).

이들은 진실했다! 이것이 하나님이 원하시는 것이다. 많은 사람들이 초대교회의 능력을 갖고 싶어 한다. 그러나 그 능력을 갖기 전에 진실해야 한다. 아주 단순하지만 매우 중요한 사실이다.

친구란 그러라고 있는 거다

사도행전 2장 46절의 또 다른 내용에 주목하라. 이들은 '함께' 먹었다. 이들은 친구였다! 진실했다. 멋지지 않은가!

좋은 친구들을 갖고 싶다면 먼저 가까이 지내고 싶은 사람들을 찾아라. 무리는 선택할 수 없지만 친구는 선택할 수 있다. 당신은 무리가 필요하지만 친구도 있어야 한다. 함께 휴가를 가고 싶고, 그 가족까지 데려가고 싶은 사람들이 당신의 친구다. 이들과 가까이 지낼 수 있고, 이들에게 솔직해도 된다는 걸 안다.

이들은 한마음이거나 적어도 한마음에 가깝다. 골프든, 보드게임이든, 취미생활이든 뭔가 공통점이 있다. 당신이 좋아하는 걸 함께할 수 있는 사람들과 어울려라.

여기서 시작해서 우정을 쌓으려면 어떻게 해야 하는가? 좋은 친구들을 갖고 싶다면 좋은 친구가 되는 법을 배워라. 당신이 선택한 친구들과 집중된 시간을 보내라! 그들에게 당신의 삶을 나누고, 당신도 그들의 삶에 대해 들으라. 생일을 축하한다고 말하라. 감사 메모를 건네라. 이유 없이 격려 문자를 보내라. 감사를 표현하라. 다른 사람들이 인정하는 사람이 되라. 진정한 친구가 되라. 솔직해라.

또한 다가갈 수 있는 사람이 되는 것도 도움이 된다. 당신이 다가가기 어려운 사람이고, 사람들이 당신 주변에 있고 싶어 하지 않는다면 스스로 그 이유를 물어보라. 화를 잘 내거나 성미가 급한가? 화는 대개 고통을 가리는 가면이다. 거의 대부분 화난 사람은 상처를 받았으나 그 상처를 외면해버린 사람인 경우가 많다.

물론 이것은 우리가 앞장에서 용서에 관해 다뤘던 부분으로 거슬러 올라간다. 왜 당신이 다가가기 힘든 사람인지 숙고하면서 분노가 여전히 속에 있기 때문은 아닌지 점검해보라. 지금도 상처를 짊어지고 다닌다면 그것을 하나님께 맡겨야 한다. 분노는 당신을 해칠 뿐이기 때문이다. 상처를 받았을 때 진실하라. 용서하라! 때로 자신의 약점을 드러내라.

당신은 다른 이유에서 다가가기 어려운 사람일지도 모른다. 불평이 몸에 뱄을 수도 있다. 자신이 가질 자격이 있는데도 갖지 못했거나 지금도 갖지 못한 게 있다고 생각한다. 그건 승진이나 임금 인상일 수도 있고, 배우자에게 받는 존중 같은 것일 수도 있다.

누가 알겠는가? 그러나 한 가지 분명한 사실은 이따금 우리는 자신이 원하는 것과 자신이 필요한 것에 지나치게 얽매인 나머지 사람들의 필요가 아니라 자신에게 점점 더 초점을 맞추게 된다는 것이다. 그래서 점점 더 이기적이 된다. 온통 우리가 필요한 것만 생각하기 때문인데, 이기적이란 말은 바로 이런 뜻이다.

이것의 치료법은 매우 단순하다.

"주라 그리하면 너희에게 줄 것이니 곧 후히 되어 누르고 흔들어 넘치도록 하여 너희에게 안겨 주리라 너희가 헤아리는 그 헤아림으로 너희도 헤아림을 도로 받을 것이니라"(눅 6:38).

이 구절은 역지사지(易地思之)의 필요성을 일깨운다. 더 많은 친구를 갖고 싶다면, 더 좋은 친구 되기에 시간을 쏟아야 한다. 그렇게 될 때, 그 보답이 있을 테지만 똑같은 정도로 돌아오지는 않는다! 당신이 무엇을 주든 '넘치도록' 돌아온다.

만약 하루 종일 불평만 한다면 곧 후히 되어 누르고 흔들어 넘치도록 불평을 받을 것이다. 나는 절대 이것을 원치 않는다. 나는 격려를 받고 싶다! 격려할수록 더 많은 격려를 받는다! 무엇이든지 당신이 받고 싶은 걸 남에게 주라.

당신이 아는 모두에게 격려를 쏟아붓고 무슨 일이 일어나는지 지켜보라. 늘 자신만 생각하도록 만드는 곳에서 벗어나라. 그러지 않으면 당신이 완전히 무너질 것이기 때문이다.

여전히 진정한 친구를 얻으려고 애쓰고 있다면 지역 교회에 가서 섬겨라. 안내 위원이나 아동 부서에서 섬기거나 쓰레기를 주워라. 모두가 도움이 필요하다. 당신이 다른 사람들과 함께 공동의 목표를 위해 일할 때 그들을 알게 된다. 서로 친구와 동료가 된다.

절친들

4장 끝에서 친구에게 전화를 하라고 한 것을 기억하는가? 당신은 가장 친한 친구나 가까운 몇몇 친구에게 전화를 했을 것이다. 그들이 가장 가까운 친구들이 아니었다면 지난달보다 훨씬 가까워졌을 게 틀림없다! 이들은 당신의 절친이다.

'절친'(confidant)은 당신의 삶에 큰 일, 즉 큰 기쁨이나 당혹스런 상실이 일어날 때 전화를 하는 사람이다. 무엇엔가 실패한다면 이 사람에게 가장 먼저 전화할 것이다. 복권에 당첨되어도 가장 먼저 알릴 것이다. 또 진퇴양난에 처해 자녀 문제나 부부 관계나 직장 문제를 어떻게 처리해야 할지 모를 때, 함께 의논하고 싶은 친구다. 절친은 충실하며 비밀을 지킬 줄 안다.

이런 관계가 되려면 시간이 필요하다. 현재 당신의 삶에 절친이 없다면 이런 친구를 찾기 위해서는 인내가 필요하다. 친한 친구가 없으면, 사람은 마음 가장 깊은 곳에서 외로워진다.

내 아들의 문제로 골치 아팠던 때가 생각난다. 아들은 엑스박스(Xbox)라는 비디오 게임을 너무 많이 했다. 비디오 게임에 중독된 것 같았다. 그래서 우리 부부는 아들에게 게임 시간을 스스로 정하라고 했다. 그러고는 아들의 비디오 게임 시간을 지켜보다가 마칠 시간이 되면 일러주곤 했다.

그러나 아들은 게임을 안 해야 할 시간에도 했다. 그래서 게임을 완전히 금지시켰다. 그랬더니 게임기가 있지 말아야 할 곳에 있었다! 아들이 몰래 게임을 하는 게 분명했다. 이 상황을 어떻게 처리해야 할지 몰랐다. 그래서 절친에게 전화를 걸어 지혜를 구했다. 그에게 특별한 해결책이 있는 건 아니었다. 그러나 내가 고민하는 문제에 이런저런 시각을 제시하는 또 다른 아버지가 곁에 있다는 사실만으로도 도움이 되었다.

절친은 당신이 "나 요즘 어떤 것 같아? 내가 더 잘 할 수 있는 게 있을까?"라고 물을 때 진실을 말해줄 선택된 소수다. 당신은 이 부분에서 조금 더 신중해야 한다. 누군가 해준 얘기를 죄다 페이스북에 올리는 사람이라면 절친으로 선택하지 말라. 이런 사람은 절친이 아니다. 문제를 일으키는 사람이다! 절친은 주의 깊게 선택된 사람이다. 믿을 수 있는 사람이다.

모든 관계가 다 똑같지는 않다. 예수님에게는 '열둘'(제자들)이 있었고, '셋'(베드로, 야고보, 요한)이 있었으며, '하나'(요한)가 있었다. 예수님은 허다한 무리와 함께하셨으나 그 속에서 친구들을 선택하셨고, 더 가까운 몇몇 친구를 두셨다.

당신은 가장 가까운 '동료들'을 찾아낼 것이고, 그중에서 자신의 '셋'을 찾아낼 것이다. 또한 가장 가까운 동료들 중에서 가장 신뢰하는 절친, 곧 당신의 '하나'를 찾아낼 것이다.

누구에게나 절친이 적어도 하나는 필요하다. 당신도 누군가에게 기꺼이 절친이 되어주어야 한다. 당신에게 절친이 필요하면 다른 사람들에게도 필요하다! 그러려면 다른 사람을 생각할 줄 알아야 하고, 그들에게 진정으로 귀를 기울일 줄 알아야 한다.

보드로의 결혼생활에 문제가 있었던 때가 생각난다. 아무리 노력해도 아내가 그의 말에 귀를 기울이지 않는 것 같았다. 그는 매우 낙담했다. 그래서 의사를 찾아가 상담을 했다.

"선생님, 아내가 정말 걱정입니다. 상태가 심각합니다."

"무슨 문제가 있나요?"

"아내가 듣지를 못합니다. 내 말을 전혀 못 알아듣는 것 같습니다."

"사모님을 모시고 오세요. 검사를 해봐야 하거든요."

"아내는 절대 여기 오지 않을 겁니다."

"그렇다면 집에서도 가능한 검사가 있습니다. 사모님이 설거지나 요리를 하고 있을 때, 5미터 뒤에서 평상시 목소리로 일반적인 질문을 해보세요. 사모님이 반응하지 않으면, 30센티미터 더 가까이 가서 같은 질문을 해보세요. 그래도 반응이 없으면, 반응할 때까지 계속 다가가며 질문을 해보세요. 그리고 어느 정도 거리에서 반응을 보이는지 확인하세요. 다음에 다시 와서 알려주시면 제가 사모님을 도와드리겠습니다."

"좋은 방법이네요. 당장 해보겠습니다."

보드로는 집으로 돌아와 아내가 저녁을 준비할 때 5미터 뒤에서 물었다.

"여보, 오늘 저녁 메뉴는 뭐예요?"

아내가 대답하지 않았다. 보드로는 낙담했다. 이번에는 4.5미터 거리에서 물었다.

"여보, 오늘 저녁 메뉴는 뭐예요?"

아내는 아무 대꾸도 없었다. 4미터. 3.5미터. 여전히 아무 반응이 없었다. 3미터, 2.5미터, 2미터. 그래도 아무 반응이 없었다. 보드로는 점점 더 낙담했다. 1.5미터, 1미터, 0.5미터.

"여보, 오늘 저녁 메뉴는 뭐예요?"

아내는 뒤돌아보며 소리를 빽 질렀다.

"아홉 번이나 말했잖아요! 오늘 저녁 메뉴는 크로피쉬 파이라고!"

귀가 먹은 사람은 아내가 아니라 보드로였다!

당신은 사람들을 지적하며 그들이 귀 기울이지 않는다고 불평하지만 정작 당신 자신이 문제일지 모른다! 문제는 나 자신에게 있을지 모른다. 우리는 자신이 실제로 원하는 만큼 사람들과 가깝다. 또한 우리가 실제로 원하는 만큼 하나님과 가깝다.

조절

당신의 친구들이 주로 무리인지, 동료인지, 절친인지 실제로 가늠하는 방법이 있다. 당신의 일정을 살펴보라. 당신이 셋 중 어느 한 관계에서 개선되길 원한다면, 일정을 조절하라! 당신이 늘 무리 가운데 있을 뿐 동료들과 함께하는 시간이 없다면 교회 소그룹에 참여하라. 늘 가장 친한 친구하고만 커피를 마신다면 동호회에 들어가라. 세 가지 관계가 균형을 이루려면 어느 정도 조절이 필요하다.

무리, 동료, 절친의 세 그룹 모두에서 사람들과 소중한 관계에 있을 때, 당신의 관계는 건강해지고 삶은 균형을 이룬다. 아직 확신이 서지 않는다면 배우자와 친구들에게 물어보라. 진실을 말해줄 것이다.

모든 사람은 자신을 도와줄 친구가 필요하다. 함께 기도하고, 믿음과 삶을 나눌 친구를 원한다. 그래서 나는 우리 교회의 소그룹을 사랑한다. 소그룹은 당신이 참여하고 성장할 수 있는 곳이다. 당신의 기분을 좋게 하려고 그저 원하는 걸 주는 데 그치지 않는 친구가 필요하다. 하나님의 말씀을 주는 친구가 필요하다.

베드로는 걷지 못하고 구걸하는 사람에게 이렇게 답했다.

나는 동전 한 푼 가진 것이 없지만, 내게 있는 것을 당신에게 주겠소. 나사
렛 예수 그리스도의 이름으로 걸으시오!" 베드로가 그 사람의 오른손을 잡
아 일으키자, 즉시 그의 발과 발목에 힘이 생겼다. 그는 펄쩍 뛰듯이 일어나
걸었다 행 3:6-8, 메시지

이런 친구들이 필요하며, 이런 친구가 되어야 한다. 당신에게 지금
좋은 친구들이 있는지 나는 알지 못한다. 그러나 누군가와 견고하고
건강한 관계에 있다면 당신이 거기에 투자했기 때문이라는 건 안다.
우연이 아니다. 시간을 투자해야 하며 이는 쉬운 일이 아니다.
진실하고 투명한 우정을 쌓기란 쉽지 않다. 지속적으로 노력해야
한다. 의심의 여지가 없다. 그러나 기억하라. 당신이 진실한 관계를
위해 애쓴다면 그에 걸맞은 결과가 있다는 것을!

Be Real

7

지적 설계

당신을 지으신 데는 목적이 있다

어린 시절, 교회에서 친구를 통해 '빅 마이크'(Big Mike)를 만났다. 그를 직접 보았다면, 왜 다들 그를 그렇게 부르는지 알 것이다. 그는 190센티미터가 넘는 키에 몸무게는 140킬로그램에 달했고, 단단한 근육질이었다. 그는 아주 힘이 셀 것 같았는데도 위축되어 있었다. 자신이 얼마나 강한지 모르는 것 같았다.

어느 날 우리는 오락실에 몰려갔다. 거기에는 주먹으로 치면 0에서 1,000까지 점수가 나오는 기계가 있었다. 나는 그 앞에 가서 동전을 넣고는 이렇게 말했다.

"빅 마이크, 잘 봐! 내 실력을 똑똑히 보라고!"

그러고는 주먹을 휘둘렀다. 점수는 300점이나 400점 정도였다. 나는 빅 마이크를 보며 말했다.

"너도 해봐! 네 능력을 보여줘!"

그러나 마이크는 하려 들지 않았다. 오락실을 돌며 여러 게임을 했지만, 그는 펀치 세기를 재는 게임에는 끝내 관심을 보이지 않았다.

실컷 놀고 오락실을 나설 때, 마이크에게 다시 펀치 게임을 권했다. 그러고는 기계에 동전을 넣어주었다. 그에게 갑자기 목표가 생긴 것 같았다. 펀치백을 터트러버리겠다는 듯이 뚫어져라 쳐다보더니 정중앙을 가격했다. 다음 순간, 기계가 작동을 멈췄다! 빅 마이크는 그 자리에 서서 자기 주먹을 바라볼 뿐이었다.

그는 내 제안을 한사코 거부하다가 마침내 주먹을 날렸고, 나는 그의 엄청난 힘에 깜짝 놀랐다. 오락실을 나서면서 보니, 마이크는 이미 꽤 컸는데도 더 커진 것 같았다.

우리는 자신의 능력을 모를 때가 많다. 진실하려고 버둥대다 끝난다. 하나님께서 우리에게 주신 걸 받아들이는 법을 배우지 못해서다. 우리가 말하는 '자기 회의'와 '자신감 결여'의 많은 부분은 실제로 그분이 우리를 어떻게 지으셨는지 이해하거나 받아들이지 못하는 데서 비롯된다.

리더를 따르라

우리의 문제는 하나님께서 우리를 어떤 존재로 지으셨는지 전혀 모른다는 것이다. 그래서 우리를 향한 하나님의 계획과 맞서게 된다. 이것은 '하나님께서 내게 무엇을 원하시는가'가 아닌 '하나님께서 원하시는 걸 내가 어떻게 할 것인가'의 문제다. 우리의 의지 싸움이다.

예수님도 아버지께서 맡기신 일을 받아들이기 쉽지 않으셨다. 그래서 겟세마네 동산에서 땀이 핏방울같이 되도록 씨름하시다가 마침내 "내 원대로 마시옵고 아버지의 원대로 되기를 원하나이다"(눅 22:42)

라고 기도하셨다. 자신의 뜻을 아버지의 뜻에 단단히 복종시키셨다. 이는 이 싸움이 실제로 얼마나 힘든지 보여준다. 예수님이 그토록 힘드셨다면, 우리는 어떨까?

많은 사람이 "하나님, 이게 제 계획이에요. 축복해주세요"라고 말한다. 우리는 실제로 "내 뜻이 아니라 당신의 뜻을 이루소서"라고 기도하는 대신에 "당신의 뜻이 아니라 내 뜻을 이루소서"라고 기도한다. 그리고 우리의 바람을 점점 크게 되풀이하면 그분이 결국 들어주실 거라고 생각한다.

또는 우리가 원하는 바를 확인해주고 지지해줄 사람들을 찾는다. 무엇인가를 하고 싶을 때 충분한 조언을 구하면 당신의 생각에 동의할 사람들을 만날 것이다. 그러나 이것이 하나님께서 당신의 생각에 동의하신다는 뜻은 아니다!

구약은 모세를 이렇게 묘사한다.

"그 후에는 이스라엘에 모세와 같은 선지자가 일어나지 못하였나니 모세는 여호와께서 대면하여 아시던 자요"(신 34:10).

그는 이런 평가도 받았다.

"이 사람 모세는 온유함이 지면의 모든 사람보다 더하더라"(민 12:3).

그러나 하루아침에 이렇게 된 게 아니었다. 모세가 하나님의 은총을 받아들이는 방식에 거대한 전환점이 있었다. 그는 문제 속에서도 하나님이 계심을 확인했을 뿐 아니라 하나님이 이끄시도록 했다. 출애굽기 33장을 보라. 이스라엘을 향한 하나님의 목적과 계획을 모세에게 계속 일러주셨는데도, 그는 계속 주저했다.

"좋습니다. 저더러 이스라엘을 이끌라고 하셨으니 이제 누가 저와 함께 갈지 말씀해주십시오."

하나님은 이렇게 대답하셨다.

"내가 친히 [너와 함께] 가리라"(14절).

모세는 하나님께 생떼를 쓰다시피 했다.

"주께서 친히 가지 아니하시려거든 우리를 이곳에서 올려 보내지 마옵소서"(15절).

대담하다! 모세는 사실상 하나님께 이렇게 말한 것이다.

"당신께서 이끌지 않으시면 저는 아무 데도 가지 않겠습니다!"

자신의 삶을 향한 하나님의 계획 속에 머물며 요지부동했다. 그 결과 하나님은 약속의 땅에 이르는 여정에서 모세와 이스라엘 백성을 인도하겠다며 분명한 징표를 주셨다.

"낮에는 여호와의 구름이 성막 위에 있고 밤에는 불이 그 구름 가운데에 있음을 이스라엘의 온 족속이 그 모든 행진하는 길에서 그들의 눈으로 보았더라"(출 40:38).

모세가 여정을 이끌어달라고 요구했기에 온 민족이 하나님과 함께하는 복을 누렸다.

당신은 혼자가 아니다

우리는 하나님을 따르기로 헌신한 후에도 여전히 숱한 질문을 안고 살아간다. 그중에 우리를 향한 하나님의 계획에 관한 질문들은 어릴 때 시작되어 나이 들수록 강렬해진다.

'축구를 해야 하는가, 야구를 해야 하는가? 밴드에 들어가야 하는가, 합창단에 들어가야 하는가? 대학에 가야 하는가, 고등학교를 졸업하고 곧바로 취업을 해야 하는가? 어느 대학을 가야 하는가, 무엇을 전공해야 하는가? 대학을 졸업한 후에는 대학원에 진학해야 하는가, 취업을 해야 하는가? 무슨 직업을 선택해야 하는가, 어디에 살아야 하는가, 어느 교회에 나가야 하는가, 누구와 결혼해야 하는가?'

여기에 몇몇 질문이 덧붙여진다.

"주님, 제 결혼생활이 다시 회복될까요?", "우리 재혼 가정이 정말 화목할 수 있을까요?", "제 건강이 회복될까요?", "제가 늘 이렇게 혼자일까요?"

때로 하나님의 음성을 들으려고 너무나 필사적인 나머지 그분을 믿고 인내하며 기다리는 대신 스스로 애쓰다 더없이 혼란스런 상태에 빠진다. 나는 총각일 때 하나님께 물었다.

"주님, 저를 위해 예비된 사람이 딱 하나뿐인가요? 만약 제가 기회를 날려버리면 어떻게 되나요? 당신이 저를 위해 계획하신 그 사람이 지금 이 방에 있고, 당신께서 힘들여 그 여자를 지금 제 곁에 두셨는데, 제가 그만 겁을 먹어 꽁무니를 빼고 그녀에게 말조차 걸지 않는다면 어떻게 되나요? 제 인생을 망쳤고, 그녀는 다른 남자와 결혼하게 되나요? 제가 모든 걸 엉망으로 만들어버렸다는 뜻인가요?"

이따금 질문이 봇물처럼 터져 나온다.

그러나 우리의 숱한 질문 중에 늘 기억하고 대답해야 할 질문이 하나 있다. 하나님께 당신의 삶을 위한 계획이 있는가? 물론 있다! 시편 기자는 "나를 위하여 정한 날이 하루도 되기 전에 주의 책에 다 기록이 되었나이다"(시 139:16)라고 말한다.

하나님이 당신을 어떤 사람이 되도록 계획하셨는지, 당신을 향한 그분의 계획이 무엇인지 실제로 알 수 있는가? 나는 알 수 있다고 믿는다. 그러나 우리가 하나님의 음성을 듣기 적합한 자리에 있지 못할 때가 많다.

보드로는 엉뚱한 곳에 있을 때가 많은데, 한번은 디보도까지 같이 헤맨 적이 있다. 둘이 사냥을 갔다가 큰 수사슴을 한 마리 잡았다. 두 사람은 사슴의 꼬리와 뒷다리를 잡아끌면서 숲을 헤쳐 나갔다. 그러나 사슴뿔이 자꾸 바닥에 걸렸다. 두 사람은 각각 꼬리와 다리를 잡고 사슴을 질질 끌면서 이동했으나 뿔이 가지마다 걸려 숲 밖으로 끌어낼 수 없었다. 그때 사냥터 관리인이 지나가다가 물었다.

"도대체 뭐하시는 겁니까?"

보드로가 대답했다.

"큰 사슴을 한 마리 잡았습니다."

관리인이 말했다.

"그건 알겠는데, 거꾸로 들고 있는 것 같네요. 뿔을 잡고 끌면 훨씬 수월할 텐데."

관리인이 사라진 후에 두 사람은 서로 쳐다보며 그의 말이 일리가 있다는 데 동의했다. 그래서 반대쪽으로 가서 뿔을 잡고 끌기 시작했다. 보드로가 디보도를 보며 말했다.

"어라, 정말이네. 훨씬 수월한데!"

디보도가 말했다.

"그런데 트럭에서 점점 멀어지고 있다고!"

당신의 삶을 어떻게 끌고 갈지 궁리했지만 트럭에서, 즉 하나님이 당신을 두시려는 곳에서 갈수록 멀어지고 있을지 모른다. 우리는 환경과 자신의 이기적인 선택과 엉뚱한 사람들의 말에 끌려 어수선해지고 탈진한다.

당신을 향한 하나님의 구체적인 계획이 무엇인지는 나도 모른다. 그러나 하나님의 음성이 가장 잘 들리는 자리로 이동하게 도와줄 수는 있다. 이것은 겸손하며 배우려는 자세를 가지는 데서 시작된다. 다음은 하나님이 우리에게 원하시는 것에 집중함으로써 참으로 진실해지는 방법과 관련해 내가 배운 몇 가지 진실이다.

▍ 경쟁하는 목소리를 잘라버려라

우리의 주의를 끌려고 경쟁하는 목소리가 너무 많아서 하나님의 계획을 분명하게 듣거나 보지 못할 때가 많다. 그분이 말씀하시지 않아서가 아니다. 사방의 목소리 때문에 우리가 듣지 못하는 것이다.

우리를 방해하는 다른 목소리는 취미, 재정 상태, 자녀들, 결혼생활, 직장, 오래되고 따분한 일일 수 있다. 하나님의 음성은 크지 않다. 흔히 그분의 계획은 속삭임보다 더 조용한, 작고 세미한 음성으로 계시된다.

하나님의 음성 듣기는 때로 타이밍 문제다. 여러 해 전이었다. 미식 축구 경기가 있기 전날, 루이지애나주립대학 채플에서 설교할 기회가 있었다. 경기장에 들어가보았는데 아무도 없었다. 무려 9만 5천 명이 들어갈 수 있는 크기의 경기장에 나밖에 없었다.

교목인 친구 켄을 기다리며 주위를 둘러보았다. 경기장 반대쪽에서 두 사람이 걸어 나오더니 잔디 상태를 점검하며 대화를 나누었다. 거리가 먼데도 두 사람의 말소리가 분명히 들렸다. 음향 시설 때문이겠거니 했다. 다음 날, 경기장은 관중석을 가득 메운 관중이 내는 소리로 떠들썩했다. 경기가 한창일 때, 친구가 내게 뭔가 말하려 했으나 도무지 알아들을 수가 없었다. 왜였을까? 목소리가 너무 많았다.

산만하게 하는 목소리를 제거하려면 어떻게 해야 하는가? 아침마다 꾸준히 하나님의 말씀을 펼치는 것이 꽤 도움이 될 것이다. 지혜가 필요하면 잠언을 읽어라. 하나님을 향한 마음이 더 깊어지길 원하면 시편을 읽어라. 말씀을 어떻게 공부해야 할지 모르면 알고 있는 사람을 만나라. 하나님의 말씀을 가르치는 소그룹에 참여하라.

금식을 못하겠다면 적어도 이따금 미디어 금식을 해보라. 컴퓨터와 텔레비전을 끄고 블로그나 잡지, 신문 읽기를 잠시 그쳐라. 어디선가 하나님과 단 둘이 며칠을 보내라. 그분이 직접 주시는 생각 하나가 마귀가 당신의 삶에 여러 해에 걸쳐 쌓아놓은 걸 단숨에 무너뜨릴 수 있다. 산만해지면 하나님의 음성을 듣지 못한다. 내면을 향할 때에야 그분의 음성을 들을 수 있다.

나는 논리적인 사람이며 계획 세우기를 좋아한다. 그러나 논리를 근거로만 내릴 수 없는 결정이 많다는 걸 발견했다.

"부모님을 요양원에 모셔야 하는가, 집에 모셔야 하는가? 내가 한 일을 아내에게 알려야 하는가, 입을 다물어야 하는가? 이 사업을 지금 시작해야 하는가, 1년을 기다려야 하는가? 이 모든 걸 포기하고 사역을 시작해야 하는가?"

당신도 다르지 않을 거라고 확신한다.

"하나님? 거기 계시죠? 듣고 계시죠?"

성경은 우리에게 말한다.

"이는 하늘이 땅보다 높음 같이 내 길은 너희의 길보다 높으며 내 생각은 너희의 생각보다 높음이니라"(사 55:9).

이 말씀이 마음에 들지 않을지 모른다. 우리는 논리를 의지하고 싶은데 하나님은 언제나 논리적이시지는 않다. 제아무리 똑똑해도 우리의 머리는 한계가 있다. 우리가 바른 질문을 찾아내기도 전에 그분은 가장 좋은 해결책을 알고 계신다.

머리를 쓰지 말라는 말이 아니다. 성경은 그리스도의 마음 품기와 지혜로울 것에 대해 많이 말한다. 그러나 늘 논리만 따르면 하나님을 당신의 두뇌 크기로 축소하게 된다. 성경은 표적과 기사를 말한다. 기사(wonders)가 뭔지 아는가? 하나님이 무슨 일을 행하시면 당신은 어떻게 그런 일을 하셨느냐며 놀란다! 논리적으로 이해가 되지 않기 때문이다.

하나님이 내게 아칸소로 옮기라고 말씀하셨을 때, 나는 "거긴 못
가요. 가는 길도 모른다고요. 제게는 먹여 살려야 할 자식이 있어요.
그건 어리석은 생각 같아요"라고 대답했다.

내게 논리적으로 불가능한 일은 그저 불가능한 일이었다. 그러
나 예수님은 "무릇 사람이 할 수 없는 것을 하나님은 하실 수 있느니
라"(눅 18:27)라고 말씀하셨다. 당신이 산을 옮겨야 할 때, 그 산을
그저 논리의 눈으로만 본다면 "못해!"라고 말한다.

그러나 하나님의 계획과 연결되면 당신의 산을 꿰뚫어 본다. 당신
의 산에 대해 하나님께 말하는 대신 당신의 산에게 하나님을 말하기
시작한다. 여기에 훨씬 많은 승리가 있다.

흔히 우리는 하나님을 제쳐두고 생각한다. 하나님은 친구나 어머
니나 조언자들이나 상담자들에게 전화하기 전에 "내게 전화해라! 내
가 네 삶의 계획에 개입하겠다"라고 말씀하신다.

> 너희 중에 누구든지 지혜가 부족하거든 모든 사람에게 후히 주시고 꾸짖지
> 아니하시는 하나님께 구하라 약1:5

그런데 우리는 구하지 않는다. 우리의 온갖 잘못을 지적하실 거라
고 지레짐작하기 때문이다. 그러나 성경은 '꾸짖지 아니하시는 하나
님'이라고 말한다. 그분은 후히 주실 것이며, 우리가 기대하지 않던
것들도 주실 것이다!

당신을 향한 하나님의 계획에 만족하라

나는 거의 그만둘 뻔했다. 원래 쉽게 포기하는 사람이 아니지만 가장 중요한 순간에 거의 포기할 뻔했다. 신학교 생활 3년이 마치 25년 같았다! 올랜도에서 사업을 꽤 잘 하는 친구들이 함께하자며 불렀다.

"비젯, 너도 함께하면 좋겠다. 네가 플로리다로 돌아오면 다시 동업자로 받아들일게. 그러면 넌 곧 백만장자가 될 거야!"

물론 이 친구들은 지금 큰 부자가 되었다. 어떤 친구는 재산이 5천만 달러(600억 원)가 넘는다. 이들이 성공하리라는 것은 알고 있었다. 나를 향한 하나님의 계획을 이미 보았는데도, 그만두고 더 좋아 보이는 걸 좇고 싶었다. 나를 향한 그분의 계획에 만족하고 싶지 않은 유혹을 느꼈다.

자신을 다른 사람들과 비교하면 하나님이 특별히 당신에게 계획하신 일을 하는 데 방해가 된다. 모두 똑같은 임무를 부여받은 게 아니다. 두 사람이 교회를 섬긴다고 생각해보라. 한 사람은 의자 줄이 완벽하게 맞아야 직성이 풀린다. 그는 과제 지향적이며, 일이 제대로 안 되면 영 못마땅해 한다. 또 다른 사람은 의자에는 신경 쓰지 않고 의자에 앉은 사람들에게 신경을 쓴다. 둘 사이에 갈등이 일어날 수 있다. 그러나 우리에게는 두 사람이 다 필요하다.

성경은 이렇게 말한다.

"은사는 여러 가지나 성령은 같고 직분은 여러 가지나 주는 같으며 또 사역은 여러 가지나 모든 것을 모든 사람 가운데서 이루시는 하나님은 같으니 각 사람에게 성령을 나타내심은 유익하게 하려 하심이라"(고전 12:4-7).

||||| 성품을 편안함보다 앞에 두라

진정한 만족을 경험하려고 하나님을 의지하는 원칙을 실행에 옮기기란 말만큼(또는 글만큼) 쉽지 않다. 하지만 결국 이렇게 되곤 한다. 하나님에 관한 불만이 하나 있다. 그분은 내 편안함보다 내 성품을 빚는 데 공을 들이신다는 것이다. 그래서 나를 바꾸려고 내 삶에 고통을 허락하시는 걸 수없이 보았다.

어쩌면 내 길을 고집하면 훨씬 큰 고통을 겪으리라는 걸 아시기 때문일지 모른다. 이따금 당신을 견고한 관계에서 밀어내 그분을 부를 수밖에 없는 곳으로 옮기신다. 당신이 그것에 막혀 하나님을 알기에 가장 좋은 것에 이르지 못하기 때문이다.

하나님과 싸우면 그분의 계획을 싫어하게 된다. 시편 37편 4절은 "또 여호와를 기뻐하라 그가 네 마음의 소원을 네게 이루어 주시리로다"라고 말한다. "기뻐하라"는 단어는 신부가 결혼식을 준비하는 모습과 비슷하다. 남자들은 결혼식을 하는 게 아니라 그냥 결혼한다. 그러나 여자들은 결혼식을 한다. 그래서 그렇게 애써 준비한다!

이 말씀은 하나님이 실제로 당신 속에 '소원(desire)을 심으신다'는 뜻이다. 당신이 하나님과 사랑에 빠지고, 그분을 기뻐하면 당신이 하고 싶은 일을 하게 된다. 그러나 당신이 그 일을 하고 싶은 이유는 그분이 그 일을 하려는 소원을 마음에 심으셨기 때문이다.

전에 당신은 "그 일은 절대 안 할 거야! 나는 절대 그렇게 되지 않을 거야!"라고 말했을지 모른다. 그러나 어느 순간, 그 일이 하고 싶어진다!

내 눈에 보이는 것이 당신의 눈에도 보이는가?

하나님을 보고 그분의 음성을 들으며 그분을 따르려면 훈련해야 한다. 당신 앞에 있지만 곧바로 자신을 드러내지 않는 무언가를 보는 법을 배우는 것과 흡사하다. 정말이지 백문이 불여일견이었던 경험이 떠오른다.

여러 해 전, 텍사스에서 어느 쇼핑몰에 들렀다. 많은 사람이 이해되지 않는 그래픽으로 구성된 그림들을 쳐다보고 있었다. 그냥 지나치려는데, 한 아주머니가 나를 붙잡더니 "이 그림 좀 봐요!"라고 했다. 옆에 있던 남자가 흥분하며 "뚫어져라 쳐다보세요. 그러면 엠파이어 스테이트 빌딩이 곧장 뒤어나올 겁니다!"라고 말했다.

나는 그림을 응시했다. 조금 전 그 아주머니가 한 수 거들었다.

"눈을 아주 가늘게 뜨고 보세요."

그래서 눈을 아주 가늘게 뜨고 보았다. 아주머니가 또다시 "약간 사팔눈으로 보세요"라고 조언 했다.

그래서 그렇게 보았다. 그러고는 "아무것도 안 보이는데요!"라고 했다. 아주머니가 한 마디 더 덧붙였다.

"그림을 뚫어지게 쳐다보세요."

나는 "못 하겠어요!"라고 했다. 그러고는 애초에 사려 했던 물건을 사서 밖으로 나왔다. 나오는 길에 그 그림을 다시 보았다. 걸음을 멈추고 다시 응시했다. 여전히 아무것도 보이지 않았다. 그러고는 삐딱한 자세로 투덜거렸다.

"뭐야, 순 엉터리잖아!"

여전히 삐딱한 자세로 서 있었다. 그런데 갑자기 엠파이어 스테이트 빌딩이 곧바로 나를 향해 튀어나왔다! 그 다음에 내가 뭘 했겠는가? 사람들을 붙잡고 "이것 좀 보세요!"라고 말하기 시작했다. 사람들이 "글쎄요, 나는 아무것도 안 보이는데요!"라고 하면 내가 말했다.

"여기 삐딱한 자세로 서서 보세요. 그리고 뚫어지게 쳐다보세요. 그럼 보일 거예요."

나는 뭔가 보았고, 다른 사람들도 그것을 보길 바랐다. 나는 이 장을 이렇게 느낀다! 당신이 알길 간절히 바란다. 하나님께서 당신을 어떤 사람이 되도록 지으신 데는 진정한 목적이 있다는 걸 분명하게 이해하길 바란다. 그분의 계획은 거대하며 거기에는 당신이 포함된다.

하나님께 없는 네 가지

지금껏 우리가 필요한 걸 오랜 시간 얘기했다. 우리는 계속 이렇게 물었다.

"하나님, 당신은 제가 어떤 사람이 되도록 계획하셨나요? 저를 향한 당신의 계획은 무엇인가요?"

그러나 조금만 틀어서 생각해보자. 하나님은 어떠신가? 우리에게서 무엇을 필요로 하시는가? 당신이 드리지 않으면 그분께는 없는 네 가지가 있다.

ⅢⅢⅢ 당신의 감사

하나님과 함께하며 "감사해요!"라고 말하면 정말 행복해하신다! 그분은 감사를 좋아하신다. 하나님과 함께하며 감사하는 건 좋은 일이다. 그분은 우리에게 모든 걸 주신다. 생명, 호흡, 음식, 가족, 집, 직장을 주신다. 우리가 걸음을 멈추고, 매일 우리를 위해 하시는 그분의 일에 주목할 때 기뻐하신다.

ⅢⅢⅢ 당신의 관심

"문화에 너무 잘 순응하여 아무 생각 없이 동화되어 버리는 일이 없도록 하십시오. 대신에, 여러분은 하나님께 시선을 고정하십시오"(롬 12:2, 메시지). 이 구절이 우리에게 일깨우는 것에 주목하라. 하나님을 가장 앞에 두라! 여느 관계처럼 집중하고, 시간을 보내며, 함께하길 기뻐하는 데서 그분과의 우정이 깊어진다.

ⅢⅢⅢ 당신의 애정

호세아 6장 6절은 "나는 인애를 원하고 제사를 원하지 아니하며 번제보다 하나님을 아는 것을 원하노라"라고 말한다. 하나님은 우리가 그분과 그리고 다른 사람들과 연결되길 원하시는데, 우리의 애정 (affection)을 그분께 집중할 때 이렇게 할 수 있다. 다른 사람들을 사랑하고 섬기는 것이 그분을 향한 우리의 애정을 나타내는 것이다.

당신에게는 타고난 능력이 있다. 어쩌면 장사 수완이 있는지도 모른다. 더러는 정리하는 능력이 있는 사람도 있다. 이런 사람의 책상과 방은 언제나 깨끗하다. 당신의 은사가 무엇이든 하나님은 그 은사를 사용하길 원하신다. 당신을 그렇게 지으셨기 때문이다!

당신은 이렇게 물을지 모른다.

"내 은사가 뭐지? 나를 향한 하나님의 계획이 뭔지 아직 잘 모르겠어. 그것을 확실히 모르는데, 어떻게 활용해서 사람들을 섬길 수 있지?"

그렇다면 DISC나 MBTI 검사를 비롯해 당신의 성격, 열정, 하나님이 주신 소원을 찾아내도록 돕는 도구를 이용하라. 그리고 이 부분을 알아가는 걸 도와줄 사람을 찾아보라. 그림이 더 분명해질 때마다 감사하라. 당신을 그렇게 지으신 하나님께 감사하라.

모든 불가능을 뚫고

이 모두는 믿음을 필요로 한다. 하나님께서는 모든 계획을 당신에게 곧바로 계시하지 않으신다. 내 경험으로 볼 때 당신이 할 수 있는 일은 "그거 정말 멋지네요!"라고 말하고, 추구하는 것뿐이다. 우리가 첫걸음을 내디디면, 그 다음은 하나님께서 하신다.

언제나 첫걸음은 정말 크게 느껴진다. 큰 위험이 따르기도 한다.

에스더 이야기를 예로 들어보자. 에스더서 1장 13절에서 아하수에로 왕은 자신을 대놓고 무시한 첫 번째 왕후에게 격노해 법과 재판 문제 전문가들을 불러모으고, 시대를 이해하는 현자들과 의논한 후 왕후 와스디를 어떻게 처리할지 결정했다(NIV 참조).

이들의 조언은 당시의 법과 문화와 일치했다. 왕은 이들의 조언을 듣고는 취소 불가능한 조서를 내렸다. 왕후를 폐위시켜 왕궁에서 영원히 내쫓고는 왕후를 다시 뽑게 했다. 뒤이어 에스더가 등장한다. 그녀는 어려서 부모를 잃고 모르드개 삼촌 밑에서 자랐다. 역사상 최초의 미인 대회에 참가했고, 우승했다. 차기 왕후가 될 길이 열렸다.

한편 아하수에로 왕의 오른팔 하만은 에스더의 삼촌 모르드개가 자신 앞에 엎드려 절하지 않자 몹시 화가 났다. 그래서 왕을 조종해 취소 불가능한 또 다른 조서를 내리게 했다. 이번에는 유대인을 모조리 죽이라는 것이었다(하만은 한 사람에게 부아가 치밀자 한 민족을 모조리 쓸어버리기로 했다. 그는 엄청나게 교만한 사람이었던 것 같다).

뒤이어 이스라엘 민족 전체가 금식하며 우는 모습이 잠깐 보인다. 어쩌면 당연하다. 가족이 모조리 처형될 처지라면 나도 그럴 것이다! 그래서 모르드개는 에스더에게 사람을 보내 "왕에게 나아가서 그 앞에서 자기 민족을 위하여 간절히 구하라"(에 4:8)고 부탁했다.

어쩌면 에스더는 전 왕후에게 일어난 일을 통해 아하수에로 왕이 법조문을 그대로 따르리라는 걸 이미 알고 있었을 것이다. 그 법조문의 하나는 이런 것이었다.

"왕후는 절대 제 발로 왕 앞에 나가서는 안 된다. 왕이 왕후를 보고 싶으면 친히 부르실 것이다. 왕후가 왕을 먼저 불러서는 안 된다. 그러면 죽는다.”

에스더는 정말 큰 결단을 내려야 했다. 죽음을 무릅쓰고 왕 앞에 나가든지 아니면 요행을 바라며 기다려야 했다. 문제는 잠자코 있으면 자신은 무사할지 몰라도 나머지 유대인들은 결코 무사하지 못하리라는 것이었다. 그래서 에스더는 모르드개에게 “내가 임금님께 나아가겠습니다”(에 4:16, 새번역)라는 답변을 보냈다.

이 한 마디는 담대한 결정을 의미했다. 에스더가 이야기의 결말을 모른 채, 자신이 살지 죽을지도 모른 채 믿음으로 걸음을 내딛는 데는 담대한 결단이 필요했다. 그녀가 우물쭈물하지 않고 위험을 무릅쓰고 하나님이 맡기신 일을 하려고 결단하는 데는 믿음이 필요했다. 나는 14절에서 모르드개가 에스더에게 한 말을 좋아한다.

“네가 왕후의 자리를 얻은 것이 이때를 위함이 아닌지 누가 알겠느냐.”

성경 전체에서 하나님의 사람들은 거듭 믿음의 발걸음을 내디뎠다. 노아, 모세, 아브라함, 요셉, 기드온, 룻을 비롯해 허다한 사람들이! 예수님도 아버지께서 자신을 불러 맡기신 일을 놓고 결단을 하셔야 했던 게 분명하다.

무슨 일이 일어날지 모르거나 너무 무섭고 불가능해 보일 때라도 하나님이 당신의 믿음의 첫걸음을 그분의 목적을 이루는 데 사용하시리라 믿고 내디뎌라.

일단 하나님이 우리를 어떻게 지으셨는지, 우리로 그분의 능력을 통해 성취하시려는 일이 무엇인지 받아들이면 진실하기가 한결 쉽다. 자신이 아닌 다른 무엇인 척할 필요가 없기에 삶에 진정으로 열광할 수 있다.

하나님께는 나를 향한 좋은 계획이 있었다. 그것은 플로리다에 가서 백만장자가 되는 게 아니었다. 이것을 깨닫자 평생 만족하는 삶으로 들어설 수 있었다!

하나님이 당신을 누구로 만드셨는지와 당신을 향한 그분의 계획을 받아들일 때, 손을 펴고 그분에게 "내 뜻이 아니라 당신의 뜻이 이루어지이다"라고 말할 수 있을 때, 당신은 전혀 새로운 수준의 평안과 만족을 발견할 것이다.

Be   Real

8

갈등을 헤쳐나가는 법

사랑과 응원과 격려로 감싸기

여러 이유에서 나는 언제나 불에 매혹된다. 어릴 때도 다르지 않았다. 나는 나뭇조각을 모아다 불을 피우길 좋아했다. 물론 어머니는 좋아하지 않았다. 그런데도 나는 어떻게든 불을 피웠으며 그런 후에는 나뭇잎을 모아다가 그 위에 벌레를 올려놓곤 했다.

두말할 필요도 없이, 아주 작은 불이라도 삽시간에 화마(火魔)로 돌변할 수 있다. 나는 어른이 된 후에야 이것을 실감했다. 루이지애나에 살 때 막다른 골목에 집을 짓게 되었다. 이사하는 날은 일이 엄청나게 많았다. 상자며 쓰레기를 모아 뒤뜰 잔디밭 구석에 쌓았다. 여기에 불을 붙인 뒤 불이 잘 붙은 걸 확인하고는 짐을 정리하러 집 안으로 들어갔다.

잠시 후 밖으로 나와 보니 뒤뜰에 불이 번지고 있었다! 불길이 곧장 집으로 향했다. 미처 호스를 준비하지 못했던 터라 손으로 물을 끼얹기 시작했다. 별 소용이 없었다. 그래서 발로 불을 밟기 시작했다. 그런데 그만 내 청바지에 불이 옮겨 붙었다!

옷에 불이 붙었을 때는 "멈추고, 바닥에 엎드려, 굴러라!"라는 수칙
은 아무짝에도 소용없다. 내가 산 증거다. 나는 이대로 했다. 그러나
청바지는 더 잘 탔다. 그래서 이런 상황에서 누구라도 할 법한 행동을
했다. 바지를 벗었다! 다음 순간, 낯선 이웃들이 눈에 들어왔다. 그
들이 나에 관해 가장 먼저 알게 된 것은 내 이름이나 직업, 아이가 몇
인지가 아니었다. 내가 팬티 바람으로 뛰는 모습이었다.

나는 마침내 속옷 차림으로 불길에서 벗어났다. 새 이웃들이 쳐다
보는데도 놀라지 않았고, 누군가 아이들에게 집 밖에 나오지 말라고
하는 말도 들었다.

연기가 나는 곳에는…

나는 겨울이면 벽난로 앞에 앉길 즐긴다. 그 분위기가 좋다. 벽난
로는 운치 있을 뿐더러 따뜻하게 해준다. 나는 불을 좋아한다. 그러
나 통제를 벗어난 불이 일으키는 일은 좋아하지 않는다. 그것은 숲과
들판, 집과 가게, 심지어 도시 전체를 삼켜버릴 수 있다.

우리의 관계에서 해결되지 않은 갈등은 맹렬한 불과 같다. 모두가
알듯이 작은 불은 꼭 필요하고, 관계를 따뜻하게 유지해주는 좋은 것
이다. 그러나 무시하고 방치하면 갈등은 부글부글 끓어올라 모든 관
계와 주변 사람들을 삼키는 맹렬한 불길로 돌변한다. 열기가 우리의
관계에 미치면 대부분은 교만과 두려움과 분노에 막혀 정직하지도,
자신을 열지도, 남을 용서하지도 못한다. 해결되지 않은 갈등은 많은
사람을 진실하지 못하게 한다.

그것은 하나님의 계획과 배치되는 선택으로 자연스럽게 갈등의 결과를 낳는다. 그분이 원하시지 않는 길로 당신을 인도하기 때문이다. 겉치레를 선택하면 갈등이 일어난다. 그것은 당신이 반드시 통과해야 하는 불은 아니다. 어떤 갈등은 피할 수 없지만 사실 대부분의 갈등은 우리 스스로 속아서 초래한 것이다.

예를 들면 성경은 하나님이 요나에게 니느웨로 가라고 하시자 그가 "여호와의 얼굴을 피하려고 일어나 다시스로 도망하려"(욘 1:3) 했다고 말한다. 하나님의 시각에서 볼 때, 요나는 그분의 명령에 대놓고 불순종했다. 그러나 요나의 시각에서 볼 때, 그는 자신의 행동이 정당하다고 생각했을지 모른다!

요나의 동기가 무엇이었는지는 확실하지 않다. 그러나 그가 나중에 한 행동으로 볼 때, 니느웨 사람들이 회개할 기회를 갖는 걸 원치 않았다고 볼 수 있다. 그는 하나님이 니느웨를 심판하고 쓸어버리시는 게 더 말이 된다고 여긴 것이다.

그래서 요나는 하나님께 불순종하고 거역해도 괜찮다고 생각했다. 그 결과로 아주 유쾌하지 못한 상황에 처했다. 큰 물고기 뱃속에서 사흘을 지냈다.

하나님은 디모데전서 4장 1절에서 우리에게 경고하신다.

"그러나 성령이 밝히 말씀하시기를 후일에 어떤 사람들이 믿음에서 떠나 미혹하는 영과 귀신의 가르침을 따르리라 하셨으니."

이 구절은 당신이 속아서 경건하지 못한 영들을 따르면서도 그 사실조차 모를 수도 있음을 보여준다. 내가 지금껏 본 갈등 중 최악은 속임과 관련이 있었다. 사람들은 무슨 일이 일어나는지 모르며, 거기서 어떻게 빠져나와야 하는지도 모른다. 갈등이 일어나면 그냥 도망치거나 포기한다.

최근에 화재 조사관에게 들은 바에 의하면 화재 발생 시 세 가지 큰 위험 요인이 있다고 한다. 그런데 이것들이 우리의 관계에도 적용된다.

ⅣⅣⅣ 훈소(燻燒, smolder)

보이지 않는 곳에서 일어나 서서히 붙는 불이다. 이런 불이 아주 위험한 이유는 대부분 무슨 일인지 깨달았을 때는 이미 늦기 때문이다. 집안에서 이상한 냄새가 난 적이 있는가? 곧바로 뭔가 잘못되었다는 생각이 든다. 그래서 원인을 찾아내려 한다. 찾아내기 전에는 집에서 나가고 싶지 않다.

때로 당신은 관계에서 뭔가 이상한 점을 감지한다. 뭔가 훈소를 일으키고 있다. 배우자가 당신에게 사랑한다고 말하지만 뭔가 이상할 수도 있다. 그의 행동이 말을 뒷받침하지 않는다. 아이들이 미소를 지으며 학교에서 잘 지낸다고 말하고, 동업자가 회사의 재정 상태가 더없이 좋다고 말하지만 뭔가 이상할 수도 있다. 훈소가 맹렬한 불길로 변하려고 준비하고 있다.

||||| **매연**(soot)

특정 물질, 특히 합성 물질이 탈 때 발생하는 유독가스다. 불이 난 건물에 갇히면 흔히 유독가스에 숨이 막혀 위험해진다. 맑은 공기 대신 오염된 공기를 마실 수밖에 없는 곳에서 빠져나오지 못하면 목숨을 잃을 수 있다.

이와 비슷하게 당신의 갈등에서 위험한 것은 폭발이나 불이나 큰 사건이 아니라 조금씩 배출되는 유독가스일지 모른다. 이따금 우리는 그리스도를 우리 관계의 중심에 두지 못해 그 관계를 죽음으로 내몬다. 자신의 이기적인 시도를 의지하면 계속해서 유독가스를 더할 뿐이다.

||||| **인화점**(flashpoint)

불이 난 실내 온도가 점점 높아져 마침내 불이 실내 산소를 다 태울 때 찾아온다. 이 시점에서 불은 더 많은 산소를 필요로 하여 다른 방의 산소를 빨아들이기 시작한다. 이렇게 되면 방이 말 그대로 폭발한다. 이런 폭발이 일어나면 화재가 난 건물이 무너진다.

이런 일은 우리의 갈등에서도 일어난다. 우리는 싸운다. 그런데 갈등의 근본 원인을 무시한다. 모든 게 해결됐다고 생각하지만 갈등이 우리 삶의 다른 부분으로 옮겨가 마침내 폭발한다. 불은 모른 체한다고 저절로 꺼지지 않는다. 야고보 사도가 이것을 지적한다.

"보라 얼마나 작은 불이 얼마나 많은 나무를 태우는가"(약 3:5).

불 가운데로 지날 때

"당신의 마음을 그리스도께 드리면, 당신은 절대로 다시는 아무런 갈등도 겪지 않을 것입니다. 당신의 삶은 오로지 평탄하고 즐겁기만 할 것입니다!"

내가 이렇게 말한다면 근거 없는 거짓 가르침이다. 사실 그 반대가 진실에 가깝다. 예수님은 요한복음 16장 33절에서 "세상에서는 너희가 환난을 당하나 담대하라 내가 세상을 이기었노라"라고 말씀하셨다. 이사야 43장 2절은 "네가 불 가운데로 지날 때에 타지도 아니할 것이요 불꽃이 너를 사르지도 못하리니"라고 약속한다.

'~때에'라고 말하는 부분을 주목하라. 우리는 불 가운데로 지날 것이다. 이런 일이 일어날 것이다! 그러나 우리가 이따금 갈등을 겪더라도 그것이 우리를 사르고 무너뜨리지는 못할 것이다.

사도들도 갈등을 겪었다. 제자들은 누가 가장 크냐를 두고 논쟁을 벌였다(눅 9:46). 사도행전에서는 큰 논쟁이 분열을 낳았다. 바나바는 선교 여행에 마가를 데려가려 했으나 바울은 마가를 데려가지 않으려 했다. 마가가 이전에 다른 도시에서 자신들을 두고 떠났기 때문이었다.

성경은 "서로 심히 다투어 피차 갈라서니 바나바는 마가를 데리고 배 타고 구브로로 가고 바울은 실라를 택한 후에 형제들에게 주의 은혜에 부탁함을 받고 떠나"(행 15:39,40)라고 말한다.

하나님께서 의도하신 일이 아니었을 것이다. 그러나 이들은 갈등을 겪었고, 하나님은 그 갈등을 사용하셨다. 갈등은 언제나 일어난다.

그것은 타락한 세상에서 이기적인 사람들과 더불어 사는 데서 비롯되는 결과일 뿐이다. 사도들에게 갈등이 일어났다면 우리는 더 말할 것도 없다.

사람들 사이에 다툼을 일으키는 이유도 재미있다. 언젠가 발레리나의 회전을 설명하는 비디오를 보았다. 어떤 사람들은 발레리나가 시계 방향으로 돈다고 보았고, 어떤 사람들은 시계 반대 방향으로 돈다고 보았다. 사람들은 그것을 두고 논쟁을 벌였다!

관계 속에서 일어나는 수많은 다툼은 인식 차이에서 비롯된다. 개개인의 견해는 대상을 보는 시각의 차이로서 옳고 그름으로 나눌 수 없다. 사람들은 동일한 상황을 서로 다르게 볼 수 있다.

이것은 당신이 가장 좋아하는 식당이 최고냐 아니냐처럼 선호의 문제일 뿐이다. 부부 관계에서는 돈과 관련된 결정이나 종교적 신념, 자녀 양육 방식의 차이가 여기에 해당될 수 있다. 동업 관계라면 가격 전략이나 상품 개발, 다음에 어느 시장을 공략할 것인가와 같은 문제일 수 있다. 의견 차이가 클수록 갈등이 일어날 가능성도 커진다.

다섯 가지 미움의 언어

게리 채프먼(Gary Chapman)은 여러 해 전에 《5가지 사랑의 언어》라는 책을 썼는데, 이제는 고전이 되었다. 다섯 가지 사랑의 언어는 잘 알려져 있다. 그것은 인정하는 말, 함께하는 시간, 선물, 봉사, 스킨십이다. 그러나 이들 각각마다 갈등 중에 나타나는 짝퉁이 있다. 이것들을 '다섯 가지 미움의 언어'라고 부르고 싶다.

우리는 상대방을 돕기 위해 무엇을 줄 수 있을지 생각하는 대신에 '내가 여기서 무엇을 얻어낼 수 있을까? 내게 무슨 유익이 있을까?'를 먼저 생각한다. 선물을 주는 대신 받을 것(a take)을 계산한다. 다른 사람에게 봉사하는 대신 방어 자세를 취하고 남들이 내게 무언가 시키기 전에 내가 먼저 시키려고 한다.

한층 심해지면 서로를 성가시게 하지도 않는다. 이런 무관심은 또 다른 미움의 언어로서, 함께하는 시간과 정반대로 아예 시간을 내지 않게 된다. '그럴 시간이 없어!'라는 생각이 들면서 "차라리 축구를 보든지, 다른 걸 하겠어!"라고 말한다. 자신의 가장 귀중한 관계에서 물러나는 것이다. 자기 중심적이 되어버린 나머지 아무도 당신만큼 중요하지 않으므로 다른 사람과 함께할 시간을 낼 생각조차 하지 않을 수도 있다!

스킨십의 반대는 '신체 폭력'(Physical touch)이다. 미국에서 가장 흔한 형태의 폭력은 생면부지의 관계에서가 아니라 친구나 가족 간에 행해진다. 불용, 과거의 상처, 약물 남용 등의 이유가 순식간에 화, 격분, 분노로 바뀔 수 있다. 당신이 알아차리기도 전에 상황이 걷잡을 수 없어지고, 누군가 냉정을 잃으며 경찰이 출동한다. 분노가 신체 폭력으로 바뀐다.

싸움이 일어나면 우리는 격려 대신 파괴적인 말을 내뱉고 빈정거린다. 부정적인 말은 누군가를 오랫동안, 심지어 평생 주저앉힐 수 있다. 좋은 갈등은 당신을 성장시킬 수 있다. 그러나 이것은 바르게 싸우는 법을 알 때만 가능하다. 많은 사람이 서로 맞서 싸우는 데는 능하지만 서로를 위해 싸우는 방법은 알지 못한다. 어째서일까?

갈등 중에 서로를 대하는 법을 모르기 때문이다. 그래서 우리는 원인(인화점)을 무시한다. 무슨 일이 벌어지는지 깊이 생각하거나 우리 내면을 읽어내길 두려워하는 듯하다. 그래서 갈등이 저절로 해소되길 바라며 갈등의 훈소를 내버려두는지도 모른다. 어쩌면 우리는 관계나 체면을 잃을까 봐 두려운지도 모른다.

또는 우리의 불용에 막혀 갈등이 해결책을 찾지 못하는지도 모른다. 이것은 매연처럼 독을 지니고 있다. 하나님은 우리가 서로를 위해 싸우는 데 더 능숙하길 원하신다. 그러려면 어떻게 해야 하는가?

소화기

갈등은 필연이다. 따라서 기본적 예의와 대인 관계 능력만으로 건강한 관계를 유지할 수는 없다. 진짜 적이 누군지 제대로 알아야 한다. 성경은 결정적인 방화범이 누군지 분명하게 밝힌다.

"근신하라 깨어라 너희 대적 마귀가 우는 사자 같이 두루 다니며 삼킬 자를 찾나니"(벧전 5:8).

관계가 갈등에 빠졌을 때 원수를 찾아내기가 쉬우면 얼마나 좋겠는가! 대부분의 경우에 원수는 위장한다. 뿔 달린 모습으로 당신의 집에 나타나지 않는다. 그는 교묘하게 "그 남자는 예전처럼 너를 사랑하지 않아!", "그 여자는 너를 속이고 있어!", "그 남자는 사무실에서 너를 흉보고 있다니까!"와 같은 작은 거짓말을 속삭인다. 성경은 그가 광명의 천사로 가장한다고 말한다(고후 11:14).

우리는 자주 다른 사람이 문제라고 여기고 "저 사람이 달라지면 문제가 해결될 거야"라고 결론짓는다. 이럴 때 기억해야 한다.

"우리의 씨름[싸움]은 혈과 육을 상대하는 것이 아니요 통치자들과 권세들과 이 어둠의 세상 주관자들과 하늘에 있는 악의 영들을 상대함이라"(엡 6:12).

이 전쟁은 실제다. 예수님은 "도둑이 오는 것은 도둑질하고 죽이고 멸망시키려는 것뿐이요 내가 온 것은 양으로 생명을 얻게 하고 더 풍성히 얻게 하려는 것이라"(요 10:10)라고 말씀하셨다.

도둑은 당신의 가족을 훔치고 관계를 무너뜨리려 한다. 그러나 예수님은 "나는 너희를 이 방화범에게서 보호하러 왔다"라고 하셨다. 그분은 원수가 걷잡을 수 없는 들불로 바꾸려는 작은 불씨를 끌 수 있는 길을 주신다. 우리가 궁극적인 소화기, 즉 우리의 삶에 임하는 하나님의 능력으로 불과 맞서 싸울 방법을 살펴보자.

▥ 차이를 인정하라

남자와 여자가 다르듯이 사람들도 저마다 다르다! 생각해보라. 남편은 화를 내고 거친 말을 내뱉은 후에 자신이 한 말을 후회하고 사과한다. 그러고는 아내와 다시 친밀해지길 원한다! 대개 아내는 이렇게 신속히 화를 풀지 못한다.

내 가장 좋은 친구는 당연히 아내 미쉘이다. 많은 면에서 우리 부부는 달라도 너무 다르다. 그래서 나는 기쁘다. 데이트할 때는 서로 반대되는 면에 끌린다. 그러나 결혼생활에서는 이것이 이따금 공격

거리가 되곤 한다! 하나님이 남자와 여자를 독특하게, 놀랍도록 다르게 창조하셨다는 사실을 받아들여야 한다.

성격 차이도 받아들여야 한다. 당신이 외향적이라면 갈등을 곧바로 해결하고 싶어할 것이다. 그러나 당신의 배우자가 내향적이면 문제가 무엇인지 혼자 차분히 생각할 시간과 혼자만의 공간이 필요하다.

대부분의 갈등에서 공격적인 사람이 있고 회피하는 사람이 있지만 이것이 늘 성별과 일치하지는 않는다. 공격적인 사람은 압박하는 자신의 행동이 관계를 더 건강하게 한다고 본다. 반면에 회피하는 사람은 이것을 통제로 보고, 폭풍이 지나갈 때까지 숨는다.

공격적인 사람은 대체로 말을 많이 하는 반면, 회피하는 사람은 갈등을 싫어하기에 피하려고 늦게까지 일한다. 공격적인 사람은 자족하기에 관한 교훈이 필요할 것이며(빌 4장 참조), 회피하는 사람은 두려움 없이 자신을 더 열고 정직해지는 법을 배울 필요가 있다. 서로의 관계에서 차이를 인정하고 존중해야 한다.

당신의 책임을 인정하라

많은 사람이 자기 권리는 말하면서 정작 책임은 잊는다.

"그 사람이 문제야. 나도 완벽하지는 않지만, 그래도 그 사람이 문제야."

낯설지 않은 말이다. 사실 당신은 "문제의 95퍼센트는 그 사람에게 있어!"라고 말할는지 모른다. 당신이 옳을 수도 있다. 그러나 주님은 당신이 문제의 5퍼센트인 자신에게 초점을 맞추길 원하신다. 당신이 나머지 95퍼센트에 대해 할 수 있는 일이 별로 없기 때문이다. 성경은 "여러분 쪽에서 할 수 있는 대로 모든 사람과 더불어 화평하게 지내십시오"(롬 12:18, 새번역)라고 말한다.

당신 쪽에서 할 수 있는 대로! 당신이 사람들에 맞서 싸우는 것이 아니라 그들을 위해 싸우길 원한다면 하나님은 당신이 겸손하게 "하나님, 저를 바꿔주세요. 도와주세요. 제 책임이 무엇입니까?"라고 묻길 원하신다는 걸 알아야 한다. 당신이 달라져야 하는 부분은 어디인가?

이것은 진실함에 관한 책이므로 내 약점 하나를 솔직히 털어놓겠다. 나는 주의력 결핍증(ADD)이 있다. 도무지 집중을 못한다. 다른 사람들이 씨름하는 것들이 내게는 문젯거리가 아니다. 그러나 나는 아주 쉽게 포기해버린다. 나 자신이 이렇다는 걸 안다.

그래서 나 자신에게 좀 진득해지라며 일깨우곤 한다. 함께 있는 사람에게 집중하라고. 그들이 관심 두는 것에 관심을 두라고. 이것이 내 큰 약점이기에 책임감을 가지려 애쓴다.

약점을 인정하고 보완하려는 노력이 필요하다. 당신이 대인 관계나 회사 동료와 관계에 전념하는데도 아무런 소득이 없는 것처럼 여겨질 때가 있다. 이때 비로소 당신을 즐겁게 해주는 것이 다른 사람의 책임이 아님을 실감하게 된다. 건강한 관계를 원한다면 그 성과가 당신에게 달렸음을 깨달아야 한다! 바울은 이렇게 독려한다.

"무슨 일을 하든지, 경쟁심이나 허영으로 하지 말고, 겸손한 마음으로 하고, 자기보다 서로 남을 낮게 여기십시오. 또한 여러분은 자기 일만 돌보지 말고, 서로 다른 사람들의 일도 돌보아 주십시오"(빌 2:3,4, 새번역).

다른 사람들을 어떻게 대하느냐에 따라 당신의 관계가 성장할 수 있다. 겸손하라. 인내하라. 친절하라. 부당하게 여겨질 때 참으라. 당신의 태도가 다른 이들의 태도를 더 좋게 바꿀 것이다. 그제야 당신은 가족, 친구, 회사 동료와 맞서 싸우지 않고, 그들을 위해 싸운다는 게 무슨 뜻인지 깨달을 것이다.

▒ 하나님의 존재를 인정하라

갈등의 불씨를 끄려면 자신이 받아 마땅하다고 생각되는 것에 집중하길 그치고, 하나님께 집중해야 할 때가 많다. 내가 14년간 사역했던 교회의 설립자인 로이 스톡스틸 목사는 "주님 앞에 엎드리는 사람은 절대 그 자리를 잃지 않는다"라고 말하곤 했다. 그 자리는 견고하다. 그러나 생각해보라. 갈등 상황에 처하면 우리는 하나님을 찾기 전에 다른 사람들을 먼저 찾는다.

그러나 하나님은 우리에게 최고의 소화기를 주신다. 바로 성령이다. 예수님이 이 세상을 떠나셨을 때, 우리는 버려진 게 아니다. 그 반대다. 성령은 '위로자'(the Comforter)와 '돕는 이'(the Helper, 보혜사)로 불리신다. 당신의 갈등에 개입하도록 그분을 초대하면, 그분은 관계를 따뜻하게 만드신다. 이것이 그분의 역할이다! 그분은 움직이며 우리를 변화시키신다. 그래서 우리는 "주님, 저를 당신의 뜻대로 하소서"라고 기도한다. 우리는 성령이 필요하다.

갈등 가운데 있을 때, 스스로에게 '예수님이라면 어떻게 하실까?'라고 묻기는 쉽다. 그러나 그분이 하신 대로 행동하기는 훨씬 어렵다. 상황에 관계없이 예수님이 가장 먼저 하신 일은 '바라보는 것'이었다. 그분은 자신이 만나는 사람들을 마음으로부터 보셨다.

예수님이 사람들을 어떻게 보셨는지 생각해보라. 마음에 사랑을 품고 젊은 부자 관원을 보셨다(막 10:21). 연민을 품고 무리를 보셨다(마 9:36). 소외된 자들 곧 맹인들과 나환자들을 보고 깊은 연민을 느끼셨다. 그리하여 이들의 세상을 바꿔주셨으며, 완전히 고쳐주셨다(마 20:34, 막 1:41). 불쌍히 여기사 과부의 죽은 외아들을 다시 살리셨다(눅 7:11-15).

자신의 메시지를 들으러 모인 무리를 보시고 불쌍히 여겨 수천 명을 먹이셨다. 음식을 먹은 이들은 그 자리에 머물러 계속 예수님의 가르침을 들을 수 있었다. 그 결과 이들의 삶이 영원히 달라졌다(마 14:13-21, 막 8:1-9).

우리 교회의 한 목사가 내게 들려준 이야기다. 지난밤에 그의 아이가 저녁식사 기도를 하고 싶다고 했단다. 아이가 기도를 시작했다. 기도는 유치해졌고, 더 유치해졌으며, 더더욱 유치해졌다. 마침내 아버지가 아이를 보며 말했다.

"기도는 그렇게 하는 게 아니란다. 유치했어!"

아들은 기가 죽어 울면서 자기 방으로 가버렸다. 아버지는 아들에게 가서 물었다.

"아빠의 어떤 말에 그렇게 속이 상했니?"

아들이 대답했다.

"아빠가 한 말이 아니라 나를 보는 눈이 그랬어요."

나도 그런 눈을 가졌다. 내가 당신을 쳐다보면 당신 얼굴에 구멍이 뚫릴지도 모른다. 그러나 예수님은 연민을 품고 사람들을 보셨으며, 이들이 처한 상황에 생명을 불어넣는 말씀을 하셨고, 이들의 환경을 완전히 바꿔놓는 일도 하셨다. 이것이 우리가 관계에서 일어나는 갈등이라는 불에 기름을 끼얹고 싶은 유혹을 느낄 때 가져야 하는 연민이다.

우리가 그 불을 하나님의 눈으로 볼 때, 무엇이 그 불에 기름을 끼얹는지 볼 수 있다. 그때에야 비로소 우리와 친구들과 가족의 삶을 무너뜨리는 그 불을 끌 수 있다. 이런 연민은 우리가 다른 사람과 관계 맺는 태도를 완전히 바꿔버린다.

화를 내는 대신에 연민을 품으면 사랑과 인내와 인자함으로 대할 수 있다. 그렇게 대할 때 소화기가 작동되어 불이 곧 꺼진다.

불을 피우지 말라

예수님이 사람들을 보신 방식뿐 아니라 그분이 하신 말씀에서도 사랑이 드러난다. 이것은 갈등 상황에서 말의 파장이 얼마나 큰지 일깨워준다. 잠언은 "죽고 사는 것이 혀의 힘에 달렸나니 혀를 쓰기 좋아하는 자는 혀의 열매를 먹으리라"(18:21)라고 말한다.

갈등을 일으키는 의견 차이는 대부분 진짜 문제가 아니다! 그것은 갈등 중에 하는 말일 때가 많다. 사람들은 대개 갈등의 원인은 잊어버리지만 상처를 준 말은 잊지 못한다.

"입과 혀를 지키는 자는 자기의 영혼을 환난에서 보전하느니라"(잠 21:23).

화재를 피하고 싶다면 애초에 불을 피우지 말라! 예를 들어 부부 싸움 도중 내뱉는 '이혼'이라는 단어는 엄청난 파장을 일으키곤 한다. 어떻게 말하는지 만큼이나 무엇을 말하는지도 중요하다! 욕설은 지혜로운 선택이 아니다.

"어리석은 자는 자기의 노를 다 드러내어도 지혜로운 자는 그것을 억제하느니라"(잠 29:11).

부부 싸움 도중에 한 사람의 감정이 격해져서 상대방이 한 발 물러나 마음을 지키려고 하면 "왜 참고 듣지 못하냐"라며 물러난 쪽이 도리어 공격받곤 한다.

이런 상황을 대비해 누그러뜨리는 말을 미리 연습해두는 것도 좋은 방법이다. 대부분의 경우 어느 한쪽이 분노 조절 장애가 있지 않다면 이런 한두 마디 말로 살벌한 분위기를 가라앉힐 수 있다.

"유순한 대답은 분노를 쉽게 하여도 과격한 말은 노를 격동하느니라"(잠 15:1).

누그러뜨리는 말의 몇 가지 예를 살펴보자.

- "내가 지금 약간 흥분한 것 같아요. 1시간 후에 다시 얘기하면 안 될까요?"

- "차분하게 얘기하면 좋겠어요."
- "아이들이 들어요. 살살 얘기해요."
- "우리가 이 문제를 어떻게 해결하느냐가 결과만큼이나 중요해요. 그러니 서로의 얘기를 잘 들어보면 좋겠어요."

누그러뜨리는 말은 결코 상대를 비난하지 않는다. 서로가 하나라는 사실을 일깨운다. 반면에 누그러뜨리지 않는 말은 싸움을 훨씬 키우고 불에 기름을 끼얹는다. 이를테면 이런 말이다.

- "당신은 맨날…" 또는 "당신은 한 번도…"로 시작하는 말
- "뭐가 마지막이라는 거야? 당신은 절대 바뀌지 않아!"
- "당신 전에도 그렇게 말했잖아! 맨날 그렇게 말하잖아!"

우리가 사용하는 말을 바꾸면 소화기를 사용할 수 있다. 다음은 내가 진짜 불과 싸울 때 즐겨 사용하는 몇 가지 비법이다.

▥ 격려로 싸워라

여러 해 전에 내 성경책 표지 안쪽에 '격려'라는 중요한 단어를 적었다. 우리가 처음 아칸소로 이사했을 때, 나는 아는 사람이라고는 가족밖에 없는 상황에서 교회를 개척해야 한다는 생각에 겁을 잔뜩 먹었다. 그때 주님이 내게 일깨워주셨다.

'릭, 격려자가 되어라.'

우리 부부가 최고의 실력을 발휘할 때는 언제나 서로를 격려할 때다. 아내만큼 나를 격려해주는 사람은 없다. 나는 대개 자신만만한 사람이다. 하지만 미쉘과 함께 있을 때는 어떨까? 아내가 나를 좋게 말하면 나는 무엇이든 다 할 수 있을 것 같다!

아내는 이런 성경 구절에 생명을 불어넣는다.

> 그러므로 그리스도 안에 무슨 권면이나 사랑의 무슨 위로나 성령의 무슨 교제나 긍휼이나 자비가 있거든 마음을 같이하여 같은 사랑을 가지고 뜻을 합하며 한마음을 품어 빌 2:1,2

이것을 결혼생활이라는 맥락에서 생각해보자. 아내가 옆에 있거나 없거나 남편은 아내를 깎아내리는 말을 많이 한다. 밖에서 친구들과 어울릴 때 이렇게 말하곤 한다.

"나는 집에 가야겠네. 늦으면 집사람이 밤새 바가지를 긁거든."

심지어 아내가 있는 자리에서 이런 표현을 쓰기도 한다. 아내는 어느 누구보다 크게 웃지만 웃는 게 웃는 게 아니다.

아내들이여, 남편을 보라. 성경은 아내에게 남편을 존중하라고 말한다. 에베소서 5장을 읽어보라. 이를 한층 더 강조하는 것을 알 수 있다. "아내는 남편을 반드시 존중하십시오"(33절, NIV 참조)라고 기록되어 있다. 왜냐고? 하나님께서 남자를 지으셨고, 그가 존중받아야 한다는 걸 아시기 때문이다. 남편을 존중하는 방법은 격려의 말을 해주는 것이다.

때로 우리는 모든 일이 잘 되기를 기다렸다가 격려한다. 그러나 이것은 하나님의 마음이 아니다. 예수님이 세례를 받으실 무렵, 그분은 아무런 사역도 하지 않으셨다. 사역은 세례 요한이 하고 있었다. 그러나 아버지 하나님은 예수님이 단 한 차례의 설교나 기적을 행하기 전에 예수님을 얼마나 자랑스러워하는지 말씀하셨다! 그분이 귀신을 내어쫓기 전에, 그 어떤 일도 일어나기 전에 "나는 그가 자랑스럽다"라고 하신 것이다. 하나님은 최고의 격려자이시다.

사람들에게 당신이 그들을 얼마나 자랑스러워하는지 말해주라. 가까운 사람일수록 더욱 격려하라고 주님은 말씀하신다.

▥ 인자함으로 싸워라

사람들을 회개로 이끄는 것은 정죄가 아니라 하나님의 인자하심(kindness, 친절)이다(롬 2:4). 나는 "비젯, 너는 지옥에 갈 거야"라고 했던 주일학교 교사처럼 정죄하는 길을 갈 수도 있다.

거듭나지 않으면 지옥에 가는 것은 사실이지 않은가? 그러나 이것이 사람들을 회개로 이끌지는 않는다. 하나님은 당신을 용서하길 원하시며, 예수님이 십자가에 달리신 건 그분의 인자하심 때문이었다는 진실을 말하는 게 낫지 않겠는가?

사람들은 예수님이 자신들을 위해 죽었다는 사실을 깨달을 때 회개한다. 나는 그분이 나를 사랑하신다는 걸 이해할 때 변화되었다! 그분은 내가 가까이 있길 원하신다. 용서하길 기뻐하신다. 그러니 늘 주눅들어 있을 필요가 없다. 하나님은 내 죄를 캐내려고 벼르고 있는

분이 아니다. 죄를 용서하길 원하신다!

예수님은 주변 사람들을 일관되게 인자히 대하셨다. 자신을 죽이려는 사람들에게도 이렇게 대하셨다. 나병환자들과 접촉하길 두려워하지 않으셨고, 이들을 직접 만지며 치유해 주셨다(마 8:1-4). 예수님은 키 작은 세리 삭개오를 찾아내 "오늘 저녁을 함께 먹고 싶구나. 같이 가겠니?"라고 하셨다(눅 19:1-10).

이런 무수한 상황을 보면 알듯이 예수님은 긴장되거나 어색했을 법한 상황에서도 인자하셨다. 우리가 누군가를 인자히 대할 때, 분노와 증오와 질투의 불을 계속 유지하기란 어렵다.

⫼ 이해하며 싸워라

갈등 장소에는 다투는 인원보다 더 많은 그림자가 드리워진다. 당신의 삶에 좋게 또는 안 좋게 영향을 미친 사람들이 이 순간에도 영향을 미친다는 뜻이다. 과거의 부정적 영향을 극복하려면 개인 상담이 필요하다. 당신이 누군가와 갈등한다면 상대방의 입장뿐 아니라 과거 경험도 이해하는 것이 중요하다.

갈등을 둘러싼 환경도 이해해야 한다. 어떤 압박이 두 사람에게 영향을 미치는가? 방금 일어난 일이 불에 기름을 끼얹는가? 당신의 재정이나 건강에 문제가 있는가? 시간을 내어 당신이나 상대방이 그렇게 반응하도록 만들었을 법한 일들을 꼽아보라.

지혜롭게 싸워라. 적절한 시간에, 적절한 방법으로 은밀하게 싸워라! 부부가 아이들 앞에서 고함치는 것은 아동 학대다. 아이들은 부모가 자신에게 얼마나 많은 사랑을 보여주느냐에서 행복을 느끼는 게 아니다. 부모가 서로를 사랑하는 모습에서 안정감을 느낀다. 직장 동료라면 갈등을 가만히 해결함으로써 서로를 존중하라.

친구들에게 시시콜콜 다 말하지 말라. 그러면 양쪽 모두의 평판이 무너진다! 당신은 화나면 상대방을 신경 쓰지 않을지 모른다. 그러나 관계에서 존중이란 상대방을 보호해준다는 뜻이다. 당신이 사람들을 보호한다면 그들이 당신을 훨씬 존중할 것이다.

▒ 오래 참음으로 싸워라

대부분 '오래 참음'(long-suffering)이란 단어를 좋아하지 않는다. 우리가 원하는 것보다 오래 걸리고, 고통스러우며, 즐겁지 않다는 뜻이기 때문이다! 이것은 강인한 끈기를 의미하는데, 갈등을 평화로 바꾸는 길은 멀다. 실제로 다른 사람들의 공격을 견딘다는 뜻이다.

특히 갈등이 있는 상태에서 상대방의 잘못을 줄곧 지적하는 일은 꼭 필요하지 않을 뿐더러 유익하지도 않다. 이런 소리를 들을 상황이 아닐 수도 있다. 잡다한 문제는 제쳐두고 중요한 문제에 집중해서 싸워라. 복수는 자연스럽지만 절제는 그렇지 않다. 자기 보호를 택하는 것은 자연스럽지만 갈등 중에 오래 참음은 그렇지 않다. 그러나 이것이 당신이 할 수 있는 최고의 선택이다.

▒ 진실과 사랑으로 싸워라

나는 자존심이 세다. 내가 틀렸다고 인정하기가 여간 어렵지 않다.

아내와 나는 이따금 서로 부딪친다. 그러면 나는 그녀가 틀렸다고 단정짓고, 아내는 자세히 설명한다. 얘기를 다 듣고 나면 내가 틀렸다는 걸 알게 된다. 그러나 좀체 인정하지 않는다. 그러면 갈등 속에 또 다른 갈등이 생긴다! 진실은 나만 빼고 모두에게 아주 분명했다. 내가 틀렸다는 진실 말이다.

당신은 갈등 중에 자신을 돌아보고 무엇을 잘못했는지 찾아내 남자답게(또는 여자답게) 인정할 수 있는지도 모른다. 잘못의 95퍼센트는 당신에게 있고, 5퍼센트가 상대방에게 있을지 모른다. 그러면 어떻게 해야 하는가?

"오직 사랑 안에서 참된 것[진실]을 하여 범사에 그에게까지 자랄지라 그는 머리니 곧 그리스도라"(엡 4:15).

사랑과 진실, 둘 다 있어야 한다! 사랑으로 진실을 말하라. 사랑 없는 경건한 진실은 경건하지도 진실하지도 않다! 무엇이든 할 말이 있다면 사랑으로 말하라. 그러지 못하겠거든 아직 말할 필요가 없다. '어떻게' 말하느냐가 '무엇'을 말하느냐 만큼 중요하다. 누군가와 마주해야 하는 갈등의 자리에 있다면 진실을 말할 수 있도록 두려움을 쏘아보며 사라지라고 말하라.

일반적으로 누군가의 잘못을 지적해야 하는 상황에 이르면 그가 지적을 격려로 느끼도록 내 모든 말을 사랑과 응원과 격려로 감싼다. 왜냐고? 고치면 되기 때문이다! 나는 그들이 무엇을 잘못했는지 간단히 설명하고, 그 문제를 어떻게 해결할 수 있는지 가르쳐준다. 그러고는 넘어간다.

당신도 이렇게 할 수 있다! 이것을 용서라고 한다. 여기서 우리는 갈등 중에 하나님의 마음을 좇고, 하나님처럼 미래에 집중할 기회를 갖는다. 더 이상 생각하지 말라. 이미 해결했다. 다음으로 넘어가라.

앞서 보았듯이 우리의 관계에서 갈등의 불은 늘 일어난다. 그러나 파괴력을 지닌 갈등의 불꽃을 건설적인 기회로 바꾸려고 이 불을 피하거나, 이기려 하거나, 진실에 미치지 못하는 그 무엇이 되려고 애쓸 필요가 없다. 그저 진실하라. 마음을 열라. 정직하라. 예수님을 본받아 하나님의 사랑과 우리 안에 거하시는 성령의 능력을 의지하라.

Be Real

9

두려워 말라

믿음으로 용기 있게 내디뎌라

나는 9학년 때 골프를 꽤 잘 쳤다. 브라이어우드 컨트리 클럽에서 처음 결승 라운드에 올랐는데, 한 녀석과 붙을 때 특히 긴장했다. 그는 고학년인 데다 골프를 정말 잘 쳤다. 클럽하우스에 도착했을 때 어찌나 긴장했던지 숨쉬기조차 어려웠다. 아버지가 응원하러 올 수 없어서 내내 혼자라고 느꼈다. 나는 잔뜩 주눅들었고, 상대에게 이런 마음을 들킬 것만 같았다.

그래도 전혀 긴장하지 않은 척 침착하고 느긋하려 애썼다. 동전을 던졌는데 내가 져서 먼저 공을 쳐야 했다. 티 박스에 들어가 공을 티 위에 올려놓았다. 공을 치려고 백스윙을 하는데 너무 긴장해 다리에 쥐가 나더니 종아리에 통증이 일어났다.

그 순간 비명을 지르면서 동시에 스윙을 했다. 세상에! 그때 내 평생 공을 가장 멀리 날렸다. 게다가 공은 페어웨이 중앙에 사뿐히 내려앉았다. 믿을 수 없었다! 뜻밖의 요행수에 얼떨떨해 주위를 둘러보니 사람들이 모두 나를 보고 웃고 있었다. 이제 나는 자신이 생겨 잘 치는 것처럼 행동했다. 티를 집어 들고 당당하게 옆으로 비켜섰다. 이번에는 상대가 공을 칠 차례였다. 내게 주눅이 들었는지 그가 친 공은 페어웨이 밖으로 날아갔다!

두려워하지 말라

아무리 쉽게 이길 수 있고 많이 성취했더라도 이따금 다른 사람들에게 겁을 먹는다. 직장에서 프레젠테이션 할 때면 바짝 긴장하기 마련이다. 상사가 면담을 신청할 때면 창자가 조여든다. 낯선 사람들과 이야기하거나 교회 소그룹에서 새로운 사람들을 만날 때도 다르지 않다.

문제는 진실하려면 진정한 자신감이 필요하다는 것이다. 오만이나 잘난 체가 아니라 어떤 상황에서든 나타나는 진짜 자신에 대한 진정한 인식 말이다. 하나님이 지으신 있는 그대로의 나에 대한 확신이 필요하다.

두려움이야말로 가장 큰 진실 살해자요 확신 납치범이다. 두려움을 느끼면 하나님께서 지으신 그대로의 자신이 괜찮다는 의식이 약해진다. 결국 위협을 느끼고, 위축되며, 모자라고, 약하며, 무기력하다고 느낀다. 두려워할 때 방어적으로 행동하기에 진정한 자신과는 거리가 먼 행동과 말을 하게 된다.

내가 골프 경기에서 그랬듯이 우리는 흔히 두려움을 숨기고 가면을 쓴 채 '척하려' 든다. 때로는 효과가 있을지 모른다. 그러나 시간이 흐르면, 진짜 자신이 아닌 가상의 인물이 되려고 애쓰게 된다.

거의 모든 사람이 뭔가를 두려워한다. 실패, 뱀, 벌레, 헌신 등 저마다의 두려움이 있다. 내가 두려움과 싸운다는 걸 아는 사람은 많지 않다. 솔직히 나는 고소 공포증이 아주 심하다. 롤러코스터는 전혀 무섭지 않다. 그러나 나를 가파른 절벽 가까이 데려가보라. 그야말로 난리가 날 거다!

몇 해 전, 우리 교회 목사 둘과 아일랜드에 간 적이 있다. 우리는 아름다운 모허 절벽(Cliffs of Moher)을 보러 갔다. 그 친구들은 태연히 절벽 끝까지 다가갔다. 그러나 나는 그러지 못했다. 그리고 그들을 향해 소리를 지르기 시작했다.

"절벽에서 물러나! 그렇게 가까이 가고 싶다면 뱀처럼 기어가라고!"

그들은 내가 얼마나 필사적이고도 진지하게 말하는지 알고 내 요구를 따랐으나 그 후로 다시는 나와 그런 곳에 가려 하지 않았다.

확실히 특정한 두려움이 건강한 자신감과 진실할 능력을 약화시킨다. 성경은 이것을 '사람 두려워하기'라고 부르며, 여기에 굴복하면 하나님을 온전히 신뢰하지 못한다고 분명하게 말한다. 잠언은 "사람을 두려워하면 올무에 걸리게 되거니와 여호와를 의지하는 자는 안전하리라"(29:25)라고 말한다.

사람 두려워하기는 사람들, 특히 우리가 성공했다고 여기는 사람들과 진정한 관계를 갖지 못하게 막는 주요 장애물이다. 정직하라. 빌 게이츠가 당신과 대화하려고 집으로 찾아온다면 당신은 적잖게 주눅들 것이다! 얼떨떨해 정신을 못 차릴 수도 있다. 자연스럽게 행동하겠는가? 천만에!

당신은 지구상에서 가장 큰 부자에다 가장 성공한 인물에게 좋은 인상을 남기려고 애쓰느라 힘든 시간을 보낼지도 모른다. 이것이 사람 두려워하기다. 당신은 하나님께서 당신을 어떻게 생각하시느냐보다 남들이 당신을 어떻게 생각하느냐를 더 중요하게 여긴다. 그분은 당신을 지금 그 모습으로, 그 누구와도 다른 하나뿐이고 특별한 존재로 창조하셨다.

사람 두려워하기는 다른 사람이 당신보다 더 낫거나 더 가치 있거나 더 중요한 것처럼 여기도록 만든다. 이것은 원수의 거짓말에 지나지 않는다. 사실, 지나친 두려움은 원수의 거짓말과 왜곡에 근거하기 때문이다.

그러나 사람 두려워하기는 특히 두 가지 이유 때문에 악하다. 첫째, 사람을 하나님보다 중요하게 여긴다. 둘째, 우리 모두 하나님의 형상으로 창조되었고, 그분께 동일하게 사랑받는데도 하나님을 불공평한 분으로 여기게 만든다.

이것은 어린 시절, 수업시간에 두려워서 손을 못 들던 때부터 시작되었을 수 있다. 답이 틀리면 반 친구들이 웃거나 선생님이 놀릴지도 모른다. 반대로 대답이 맞으면 선생님에게 잘 보이려 한다며 친구들이 좋아하지 않을지 모른다.

성공한 사람들 곁에 있으면 긴장하거나 초조해지고 그들을 격려하기가 두렵기까지 한가? 그렇다면 예수 그리스도의 복음을 그들에게 전하거나, 그들을 위해 기도하거나, 그들에게 진실할 방법이 없다. 이런 까닭에 사람 두려워하기에서 벗어나야 한다. 시편 기자가 일깨우듯이 우리는 벗어날 수 있다.

여호와는 나의 빛이요 나의 구원이시니 내가 누구를 두려워하리요 여호와는 내 생명의 능력이시니 내가 누구를 무서워하리요 27:1

작은 존중

당신이 자신보다 낫다고 여기는 사람들을 두려워하면 그들을 잘못 존경하게 된다. 그들을 지나치게 높여 그들에 비해 자신은 아무것도 아니라고 생각하기 때문이다. 게다가 당신은 하나님을 완전히 배제한다. 그 대단한 사람들만 보고 그들에게 완전히 지배당한다. 그들이 무슨 말을 하더라도 동의하고, 무엇을 시켜도 그대로 따른다. 그들을 당신의 신으로 만들어버린 것이다.

이것은 성공한 사람들에 대한 진정한 존경이 아니다. 그들을 하나님의 시각으로 존경한다면, 그분이 당신도 그들만큼 중요하게 여기신다는 것을 알게 될 것이다. 당신의 성공 기준은 그들이 아니라 하나님이 된다. 예수님은 이웃을 나 자신처럼 사랑하라고 하셨다(막 12:31).

자신을 존중하듯이 이웃을 존중하는 것은 당연하다. 하나님이 당신과 세상 모든 사람을 존중하시듯이 당신도 그렇게 존중할 때, 사람 두려워하기는 사라진다. 그러나 내가 이것을 깨닫는 데는 특별한 관계에서 특별한 맞닥뜨림이 필요했다.

내게 사람 두려워하기의 징후를 실제로 드러내게 했던 사람은 단한 분, 래리 스톡스틸 목사님이었다. 내 두려움은 그의 경건한 리더십과 귀감에 대한 깊은 존경심에서 비롯되었다. 거의 14년을 그와 함께 일했는데, 그만큼 리더를 잘 길러내는 사람을 보지 못했다.

나는 종종 그를 '성령 충만한 패튼 장군'(General Patton, 제2차 세계대전 당시 크게 활약한 미국의 장군)이라 부르는데, 천성이 강직하고 걸음걸이가 진정으로 권위 있기 때문이다. 그가 나를 엄하게 대하는 경우는 좀체 없었다. 나는 그가 부목사들에게 거는 기대치에 이르려고 열심히 노력했다.

그런데 하나님이 나를 가로막기 시작하셨다. 내 속에 교회를 개척하려는 마음을 불러 일으키셨고, 래리 목사님에게 이것을 알리라고 하셨다. 그래서 마음을 단단히 먹고 목사님의 사무실에 가서 상의할 일이 있다고 말했다. 그는 "뭔데요?"라고 물었다.

나는 움찔했다.

"굳이 지금이 아니어도 괜찮습니다. 몇 주 후라도 좋으니 잠시 시간을 내주세요."

그가 말했다.

"알겠어요. 애들이 야구하는 날이죠? 이따가 야구장에서 봅시다."

나는 미소를 지으며 "네, 그때 뵙겠습니다"라고 답했지만 초조해지기 시작했다.

'바로 오늘이라고?'

곧바로 비가 와서 경기가 취소되도록 기도했다. 그러나 하나님은 이런 기도를 들어주지 않으신다!

시간이 되어 야구장에 갔다. 래리 목사님은 약속한 그 자리에 서 있었다. 그가 내게 물었다.

"릭 목사님, 무슨 일이에요?"

나는 하나님이 내게 교회를 개척할 마음을 주셨는데, 그의 조언이 필요하다고 했다. 그가 곧바로 대답했다.

"지금은 적기가 아니에요. 우리 교회는 이제 막 새 캠퍼스를 시작했고, 그래서 목사님의 도움이 필요해요."

그의 말은 여느 때처럼 강하고 단호했으며, 반론에 열려 있지 않았다. 순간 나는 갈림길에 섰으며, 하나님의 은혜로 바른 방향을 선택할 수 있었다. 만약 두려움에 압도되었다면 내 생각을 제대로 전달하지 못하고 희망을 내던진 채 부아가 치밀어 그 자리를 떴을지 모른다.

나는 이렇게 말했다.

"제가 무엇을 하겠다거나 언제 그 일을 하겠다고 통보하러 온 게 아닙니다. 제 마음에 있는 걸 말씀드리러 왔습니다. 목사님이 좋은 계획이라고 생각하실 때까지 기다리겠습니다."

그 결정적인 순간에 래리 목사님을 존중하는 만큼 나 자신을 존중했다. 하나님이 목사님의 마음에 두신 소명을 존중하는 만큼 내 마음에 두신 소명도 존중했다. 나 자신을, 그리고 또 다른 하나님의 사람을 경건하게 존중함으로써 사람에 대한 두려움을 극복했다. 그 결과, 1년 후에 목사님이 내게 말했다.

"목사님의 마음에서 그 꿈이 아직 사라지지 않았죠? 하나님께서 목사님을 보내서 교회를 개척하게 하실 곳이 어딘지 찾아보세요."

이 경험을 통해 내 삶과 소명이 어느 누구의 삶과 소명만큼이나 하나님께 중요하고 의미 있음을 깨달았다. 이 깨달음은 나를 오만하게 만들지 않고, 오히려 겸손하게 만들었다.

전에 나는 모두를 존중해야 한다고 믿었다. 그러나 이제는 이런 신념 뒤에 감춰진 진실을 안다. 하나님이 지으시고 부르신 나를 먼저 존중하고, 그런 후에 다른 사람들을 올바로 존중해야 한다. 나는 사람을 두려워하지 않을 것이다. 하나님을 두려워하기 때문이다.

비교하지 말 것

사람들 사이에는 흥미로운 역학이 작용한다. 그리스도인들은 일터나 교회, 지역 사회에서 마주치는 성공한 사람들보다는 평범한 사람들을 존경하기가 쉽다. 아주 흥미롭게도, 이들은 존경(존중)받으면 고마워한다.

반면에 많은 사람들, 특히 열심히 일해 성공한 사람들은 자신이 존경받으리라 기대한다. 사람의 마음에 들어가는 길이 '음식'이라면, 성공한 사람의 신뢰를 받는 길은 '존경'이다. 성공한 사람들은 성격이 강하며, 남들이 자신을 이용하려는 게 아닐까 의심하기 쉽다. 진실하고 경건한 존경은 이런 의심을 걷어내고, 이들을 편안하게 한다.

나는 일터로 교인들을 심방할 때면 친절한 직원이나 깔끔한 창고, 쾌적한 환경, 벽에 걸린 상패 등을 살피며 칭찬거리를 찾는다. 나는 대개 이렇게 묻는다.

"이런 멋진 사람들을 어디서 찾으세요? 직원들이 이렇게 의욕이 넘치려면 얼마나 많은 훈련이 필요한가요?"

나는 진정으로 관심을 보일 뿐 아니라 그들이 일하는 모습을 보면 존경하고 싶어진다. 사업도 하나님의 소명이다.

성공은 덜 분명한 데서 나타날 수도 있다. 미쉘과 나는 빼어나고 예의바른 아이들을 둔 가정을 심방할 때마다 깨닫곤 한다. 아이들이 이렇게 되려면 부모가 양육을 잘해야 한다는 사실을. 공부를 잘하든, 운동을 잘하든, 그 외에 어떤 분야에서 뛰어나든 이들의 성취와 경건한 태도는 우연이 아니었다. 우리는 반드시 그 가정의 뛰어난 점을 찾아 존경을 표현한다.

사람들에게 다가갈 때, 우리를 그들과 비교하지 않는 것이 무엇보다 중요하다. 무엇이 되었든 그들에게 있는 것과 우리에게 있는 걸 비교한다면 그들을 격려할 수 없다. 질투의 냄새는 십 리 밖에서도 맡을 수 있다! 억만장자를 만나든 거지를 만나든 진실하라. 존경을 표현하라.

사도 바울은 비교하는 문제를 강한 어조로 나무란다.

"우리는 자기를 내세우는 사람들과 같은 부류가 되려고 하거나, 그들과 견주어 보려고 하지 않습니다. 그러나 그들은 자기를 척도로 하여 자기를 재고, 자기를 기준으로 하여 자기를 견주어 보고 있으니, 어리석기 짝이 없습니다"(고후 10:12, 새번역).

하나님께서 이렇게 말씀하시는 것이다.

"네 자신을 다른 사람들과 비교하지 말라. 너보다 나은 사람을 보면 낙담하고, 너보다 못한 사람을 보면 교만해져 '나는 적어도 저 사람보다는 나아!'라고 생각할 것이기 때문이다.”

자신을 남과 비교하는 대신에 만나는 모든 사람을 존중하고 존경할 방법을 찾아라. 예수님이 그들을 대하듯이 대하라. 다른 사람들이 당신을 대해주길 바라는 대로 대하라. 이것이 바로 황금률이다.

이런 마음가짐이라면 당신이 사람을 두려워해서 생긴 그 어떤 문제도 신속히 해결될 것이다. 유일하게 경건한 비교는 당신과 예수님 사이의 비교이며, 유일하게 경건한 경쟁은 자신과 하는 경쟁이다. 그럴 때 점점 더 예수님을 닮아갈 것이다.

막중한 책임

사람 두려워하기 외에 자신감을 좀먹는 또 다른 독은, 믿음이 아니라 추론을 따라 사는 것이다. 우리가 다른 사람들의 대답과 동기와 반응을 추측하는 것은 그들을 조종하겠다는 뜻이다.

자신도 다른 사람도 진실하게 반응하도록 내버려둘 만큼 하나님을 신뢰하지 못하고 있다. 승진이나 특별한 관계가 걸려 있을 때 과하게 고민한다. 다른 사람들이 우리가 원하는 대로 반응하도록 만들고 싶은 유혹을 느낀다. 우리가 표면적인 증거와 겉모습과 추정에만 의존할 때 이런 일이 일어난다. 당신은 이것들에 의지해서 판단할 때 무슨 일이 일어나는지 알 것이다!

이와 관련된 예가 성경에 나온다. 모세는 자신들이 약속의 땅을 취할 수 있을지 알아보려고 정탐꾼 열둘을 가나안에 보냈다(민 13장). 이들은 가나안에 들어가 그곳을 정찰하고 분석하며 지적으로 연구했다. 그런데 이것이 큰 문제가 되었다! 지성주의는 당신의 믿음을 가로막기 쉽다.

이들은 가나안에서 적이 될 민족들과 거인들을 보고는 "우린 이제다 죽었구나!"라는 결론을 내렸다. 여호수아와 갈렙, 두 사람만 빼고. 여호수아는 하나님을 믿는 믿음 때문에 뭔가 달라지리라는 확신이 있었다. 그는 더 이상 광야에서 방황하길 원치 않았다.

여호수아는 자신의 책임이 막중하다는 것도 알았다. 시간이 흘러, 애굽에서 노예생활을 하던 이스라엘 민족을 이끌어낸 모세의 역할이 그의 것이 되었다. 여호수아서 바로 앞에 신명기가 있다는 사실을 주목하라. 신명기 마지막 절은 자신의 소명을 마감하는 모세에 대한 전능하신 하나님의 평가를 보여준다.

"온 이스라엘 백성이 보는 앞에서, 모세가 한 것처럼, 큰 권능을 보이면서 놀라운 일을 한 사람은 다시 없다"(신 34:12, 새번역).

여기에는 그의 모든 동료들이 포함된다. 아주 흥미롭게도 신명기는 모세가 썼다고 보기 때문에 그가 자신에 관한 이 구절을 썼을 수 있다. 쓴 사람이 누구든지 간에 이 구절이 여기에 있는 건 오로지 한 사람의 생각은 아니다! 하나님께서 여기에 동의하셨다. 이것은 진실이다. 그래서 이 구절이 진실의 책에 자리한다.

모세는 그때껏 살았던 가장 강력한 사람이었다. 그는 놀라웠다. 모든 이스라엘 백성이 이것을 알았다. 그래서 하나님이 여호수아에게 이스라엘 백성을 이끌라고 하셨을 때, 그는 두려웠다. 자신과 모세를 비교했기 때문이었다.

여호수아는 놀라운 확신의 사람이었다. 그는 거인들을 메뚜기로 여기고 "저들은 우리의 밥이다"라고 했던 두 정탐꾼 가운데 하나였다. 그는 당당한 사람이었다. 그러나 이 시점에서 여호수아는 확신을 잃었다.

이런 일은 우리에게 일어날 수 있다. 당신이 지난해에 확신이 있었다는 사실이, 올해에도 확신을 가질 것이라는 뜻은 아니다. 당신이 사람들을 이끄는 믿음이 있었고, 영적으로 강했으며, 사람들에게 추앙을 받았다는 사실이 지금도 그렇다는 뜻은 아니다.

하나님이 여호수아에게 말씀하신다.

"내가 네게 명령한 것이 아니냐 강하고 담대하라 두려워하지 말며 놀라지 말라 네가 어디로 가든지 네 하나님 여호와가 너와 함께하느니라"(수 1:9).

당신이 무엇을 하든 혼자가 아니다! 하나님은 당신을 편안하게 두지 않으신다. 당신의 성품을 빚고 계신다. 그분이 말씀하신다.

"내가 너와 함께 가겠다. 우리는 변화를 일으킬 수 있어. 해낼 수 있다고!"

여호수아가 두려워한 또 다른 이유는 그에게 맡겨진 일이 엄청났기 때문이었다. 하나님은 그가 큰일을 하길 원하신다고 하셨다. 큰일을 이루시려는 그분의 꿈은 모세에게서 끝나지 않았다. 여호수아에게 맡기시는 일은 믿을 수 없을 만큼 놀라운 것이었다. 당신도 이런 음성을 듣는다면 도저히 믿을 수 없을 것이다.

"내게 시간을 다오. 나와 함께 일하자. 네 생활이 숨가쁘다는 건

나도 안다. 그러나 네가 더 열심히 일하는 데 그친다면 아무리 일해도 성에 차지 않을 거야. 너는 결국 나가떨어져서 걱정에 휩싸여 어쩔 줄 모를 것이다."

당신의 초점을 하나님에게서 그분이 당신에게 맡기시는 일로 옮길 때, 당신은 두려워하게 된다. 더는 믿음으로 살지 않고 보이는 것으로 살며, 추론을 따라 살고 싶은 유혹을 받을 것이다.

주님이 당신에게 요구하시는 일은 식은 죽 먹기처럼 간단한 것이 아니다. 언제나 크고 엄청난 일이다. 주님은 내게 올해 부부 관계가 나아지도록 어떤 일들을 하라고 요구하셨다. 나는 그 일들을 하고 싶지 않다! 그러나 그만한 가치가 있다는 것은 안다. 하나님이 우리에게 하라고 하시는 모든 일은 엄청난 도전이지만 그만한 가치가 있다.

확신을 주는 자들

그렇다면 우리의 자신감과 믿음을 위협하는 이 장애물들을 어떻게 극복할 수 있는가? 하나님을 의지하고 진실해지는 것이 어떻게 우리의 자신감이 될 수 있을까? 하나님의 약속을 통해 모든 환경을 헤쳐나감으로써 시작할 수 있다. 예를 들면 하나님이 요한복음에서 주신 놀라운 약속을 생각해보라.

이것을 너희에게 이르는 것은 너희로 내 안에서 평안을 누리게 하려 함이라
세상에서는 너희가 환난을 당하나 담대하라 내가 세상을 이기었노라 16:33

당신은 이 말씀이 두렵다고 생각할지 모른다. 그러나 이 약속 때문에 나는 실제로 위기를 기대한다. 왜냐고? 어쨌든 위기는 닥칠 테고, 이는 내게 하나님의 눈으로 이 상황을 볼 기회를 주리라는 걸 알기 때문이다. 누군가 모든 상황을 긍정적으로 본다며 나를 비난했다. 나는 실제로 그렇다!

남편이나 아내에게 엄청나게 화가 난 사람들이 찾아와 상담을 요청하면 나는 "배우자에게 엄청나게 화가 난 건 그만한 열정이 있기 때문입니다"라고 말한다. 이들은 자신에게 배우자를 향한 열정이 있다고 느끼며 돌아간다.

하나님께서는 그분의 말씀으로 허다한 약속을 주셨다. 그 약속들을 여러분 앞에 두고, 하나님께 그것들을 믿는다고 고백하라. 당신이 자신감을 잃지 않고 충실하며 진실하기 위해 기억해야 할 중요한 개념들이 있다.

ⅢⅢ 이기고 지는 게 아니다

빌립보서는 "아무 일에든지 다툼이나 허영으로 하지 말고 오직 겸손한 마음으로 각각 자기보다 남을 낫게 여기고"(2:3)라고 말한다.

'허영'으로 번역된 헬라어는 '경쟁적'이란 뜻이다. 그러므로 이것은 '서로 경쟁하지 말라'는 말이다. 비교하지 말아야 하고, 또한 경쟁하지 말아야 한다. 비교나 경쟁의 덫에 빠질 때 진정으로 협력하기란 정말 어렵다.

얼마나 많은 사람이 경쟁하는지 아는가? 자신의 와이드 리시버와 경쟁하는 쿼터백을 본 적이 있는가? 그런 일이 있었는지 터렐 오웬스 (Terrell Owens, 프로미식축구팀 알렌 랭글러즈의 와이드 리시버-옮긴이) 에게 물어보라. 물론, 그런 일이 있었고 지금도 있다. 문제는 당신이 샤킬 오닐과 코비 브라이언트가 전성기 때 그랬듯이(두 사람은 미국프 로농구 LA 레이커스에서 함께 뛰다가 샤킬 오닐이 팀을 옮기는 바람에 경쟁 자가 되었다-옮긴이) 경쟁하기 시작할 때 다른 사람들보다 자신을 더 생각하게 된다는 것이다.

어떤 남편은 이렇게 말한다.

"나보다 열심히 일하는 사람이 있으면 어디 나와 보라고 해요!"

그러면 아내는 이렇게 맞받아친다.

"맨날 애들하고 씨름하는 건 누군데요?"

"그래도 돈은 내가 더 많이 벌어오잖아요!"

"그래도 애들은 당신보다 나를 더 좋아한다고요!"

이렇게 주거니 받거니 언쟁이 계속된다. 협력하는 대신 경쟁한다.

내 친구들 몇몇이 어느 식당에서 식사를 하는데, 한 부부가 언쟁이 붙었다. 분위기가 어색해졌고, 남자는 참다못해 아내에게 말했다.

"이해가 안 돼! 하나님은 어떻게 당신을 이렇게 예쁘지만 멍청하게 지으셨는지 몰라."

그러자 아내가 맞받아쳤다.

"그거야 당신이 나한테 끌리도록 예쁘게 지으셨고, 내가 당신에게 끌리도록 멍청하게 지으신 게지요!"

당신은 당신의 집에서 가장 중요한 사람이 아니다. 특히 남자들에게 말한다. 직장에서 중요한 직책을 맡을수록 이런 생각을 받아들이기 어려울 것이다. 집에서 가장 중요한 사람은 당신이 아니라 당신이 섬기는 나머지 식구들이다.

⁞⁞⁞⁞ 그러고 싶지 않을 때라도

예수님은 우리가 이것을 잊으리라는 걸 아셨기에 본을 보이셨다. 그분은 발을 씻어주셨다. "나는 너희에게 섬김을 받으러 온 게 아니라 너희를 섬기러 왔다"라는 말씀을 하신 적도 있다(막 10:45). 그래서 예수님은 제자들의 발을 씻어주셨다. 물론 유다의 발까지도! 왜일까? 예수님은 이들의 발이 더럽다는 걸 아셨다. 그때는 누구든 발이 더러웠다. 다들 샌들을 신고 흙길을 걸었기 때문이다.

그러나 예수님이 제자들의 발을 씻어주신 건 이런 이유 때문이 아니었다. 누군가의 발을 씻어주는 것이 겸손의 행위였기 때문이었다. 예수님은 제자들에게 그들이 가장 높은 자가 아니라 섬겨야 하는 자임을 보여주려고 하셨다.

성경은 "또한 여러분은 자기 일만 돌보지 말고, 서로 다른 사람들의 일도 돌보아 주십시오"(빌 2:4, 새번역)라고 말한다.

이해하기 어려운 구절은 아니지만 이에 대해 좀 더 설명하고자 한다. 나는 내가 관심 있는 일에 흥미를 느낀다. 뭔가에 흥미가 없다면 그 일에 관심이 없는 것이다. 이런 까닭에 이 구절은 자신의 관심사뿐 아니라 다른 사람에게도 관심을 가지라고 말한다.

아내는 골프를 좋아하지 않는다. 사실 골프를 싫어한다. 그러나 내가 골프 얘기를 시작하면 잘 듣는다. 내가 "저 사람은 필 미켈슨(Phil Mickelson)이라는 골프 선수인데, 아내가 암 투병 중이래요"라고 설명하면 아내는 "오, 그래요?"라고 답하며 귀 기울인다.

아내는 사람들의 삶과 그들이 직면한 일에 관심을 보인다. 내가 골프를 치고 오면·어땠는지 알고 싶어 한다. 어쩌면 아내는 골프를 좋아하기 시작한지도 모르겠다.

아내는 공연을 좋아한다. 그래서 나도 종종 따라간다. 〈오페라의 유령〉을 본 적도 있다. 솔직히 약간 졸긴 했다! 그러나 아내는 공연을 정말 좋아하고, 종종 나와 보러 가고 싶어 한다. 나는 그녀를 사랑하기에 즐겁게 따라간다. 아내가 관심 있는 것에 관심을 가지려 애쓴다. 설령 내 취향에 맞지 않더라도 말이다.

ⅠⅠⅠⅠⅠ 인내를 연습하라

때로 다른 사람들에게 관심을 가지면 인내심의 한계를 경험하기도 한다. 여러 해 전에 내 골프 실력이 꾸준히 상승하고 있을 때, 아내가 대단한 사람들만 간다는 골프 리조트를 예약해주었다.

나중에 알았지만 직원이 나를 엉뚱한 그룹에 배정했다. 내가 함께 골프를 칠 사람들에게 다가가 인사를 건네자 목소리가 걸걸한 남자가 나를 쏘아보며 말했다.

"우리 상대가 안 될 텐데."

이 남자(던이라고 하자)는 행동으로 보건대 제법 성공한 사람이 분명한 데다 시비조였다. 그는 계속 나를 도발했다.

“내기를 하면 어떻겠소?”

“사양하겠습니다.”

내가 정중하게 답했다. 던이 부자라는 걸 알았으니 그의 돈을 백만 달러쯤 딸 수도 있었다. 그러나 목사라면 준다고 덥석 다 받아서는 안 된다! 함께 골프를 치다보니 그가 이 그룹의 중심인 게 분명해졌다. 나머지 두 사람은 그의 지저분한 농담에 웃음을 터트렸으나 나는 갈수록 짜증이 났다. 던이 또다시 추잡한 농담을 하자 나는 그를 노려보았다. 둘은 서로를 노려보며 꼼짝도 하지 않았다. 결국 그가 먼저 얼굴을 돌렸다. 내가 이겼다.

게임이 끝나자, 나는 인사를 하고 골프장을 나왔다. 그때 던이 나를 부르는 소리가 들렸다.

“잠깐 얘기 좀 합시다.”

그는 나를 향해 다가와 무례하게 물었다.

“크리스천이오?”

나는 짜증이 났으나 단호하게 대답했다.

“예, 선생님. 저는 크리스천입니다.”

내가 얘기를 계속하려 했으나 그가 또다시 질문하며 내 말을 가로막았다.

“당신, 목사요?”

나는 고개를 끄덕였다.

“나도 왕년에 하나님이랑 좀 놀았는데, 지금은 사이가 틀어졌소. 당신, 대단한 걸! 생각해보니 당신은 좋은 사람인 것 같소.”

그러더니 내 말에 귀를 기울였다. 나는 그를 위해 기도했으며 그가 삶을 재헌신하도록 도왔다. 그는 나를 다른 골퍼들에게 데려가 이렇게 소개했다.

"이 양반이 목사님인데, 마음에 들어."

그는 내 어깨를 두드리며 말했다.

"이제 가도 좋소!"

나는 안도해야 할지 더 화를 내야 할지 몰랐다! 던을 경험한 후, 성공한 사람들도 여느 사람들처럼 격려가 필요하다는 걸 알았다. 많은 부자가 결손 가정에서 가난하게 자랐거나, 부모가 알코올 중독이었거나, 극복해야 하는 큰 장애물이 있었다. 어떤 부자들은 거의 완벽한 환경에서 자랐을지 몰라도, 자신이 무엇을 하느냐 또는 돈이 얼마나 많으냐가 아니라 있는 그대로 인정받고자 하는 인간의 기본적 필요를 아직 채우지 못했다.

모든 사람은 격려가 필요하다! 성공한 사람들이 다른 이유는 대개 이들의 필요가 당신에게 소리치지 않기 때문이다. 던처럼 자기가 존경하고 신뢰하는 사람, 자기를 이해하는 사람, 가장 편안하게 느끼는 곳에서 만나줄 만큼 자기에게 관심이 많은 사람을 찾을 때까지 기다린다. 이들은 이런 사람을 찾으면 마음을 열 테고, 당신은 이들이 당신과 정말로 비슷하다는 걸 알게 될 것이다.

▥ 믿음으로 용기 있게 내디뎌라

하나님은 여호수아서 1장에서 여호수아에게 "강하고 담대하라"라고 세 번이나 말씀하셨다. 그제야 이 말씀이 여호수아의 마음에 박히기 시작했다! 그를 새로운 지도자로 세워가는 하나님의 끈질긴 인내가 마침내 열매를 맺었다. 두려워했던 여호수아가 마침내 일어나 모두를 향해 말했다.

"여러분, 오늘 놀라운 일이 일어날 것입니다. 우리는 약속의 땅에 들어갑니다. 지난 40년간 방황했지만 이제는 아닙니다. 오늘은 다릅니다. 하나님이 우리 모두에게 늘 원하셨던 그 일을 우리가 할 것입니다. 일어나 함께 갑시다!"

여호수아의 '오늘'은 당신의 '오늘'이 될 수 있다! 꼭 가족과 둘러앉아 이렇게 말해보라.

"오늘은 어제와 다른 날이 될 거야. 나와 우리 집은 '오늘' 주님을 섬길 거야."

우리가 또 한 해를 목적 없이 방황하기에는 시대가 너무 미쳐 돌아간다. 오늘은 구원의 날이다.

당신은 하나님이 당신에게서 정말로 멋진 일(착한 일)을 하고 계신다는 확신보다 자신의 전성기는 이미 지났거나 스스로 인생을 망쳤다는 확신이 더 강할지 모른다. 당신이 하나님의 존(zone of God)으로 돌아간다면 더없이 멋진 일이 일어날 것이다! 하나님의 음성을 듣는 일은 참으로 놀랍기만 하다.

성령께서 오늘도 말씀하신다. 성경은 "너희 안에서 착한 일을 시작하신 이가 그리스도 예수의 날까지 이루실 줄을 우리는 확신하노라"(빌 1:6)라고 말한다.

그분은 이렇게 하실 수 있다. 이것이 당신이 가질 수 있는 확신이다. 당신이 누구이거나 무엇을 할 수 있는지에 대한 확신이 아니라 하나님이 이것을 하신다는 확신 말이다!

이것이 진정한 자신감의 원천이다. 우리로 다른 사람들을 두려워하지 않게 하고, 그들을 조종하려 들지 않게 하며, 우리의 느낌이 하는 말에 굳게 의존하지 않게 한다. 진실하려면 하나님께서 우리 힘의 원천이라는 걸 알아야 한다. 그분이 다스리시며, 우리에게 가장 좋은 걸 생각하신다. 이것이 당신을 확신 있고, 충실하며, 진실하게 할 것이다.

Be Real

10

확신을 갖고 진실하기

바위처럼 단단하게

어느 날 아내가 가게에서 몇 가지 물건을 사오라고 부탁했다. 목록에는 어떤 여성용품도 있었다. 이것은 모든 남자에게 가장 끔찍한 악몽 같다. 성숙하고 책임감 있으며 사랑이 많은 남편에게도 그렇다. 싫다고 말하기 어렵기 때문이다.

나는 성숙하고 책임감 있으며 사랑이 많은 남편이기에 마지못해 알았다고 하고는 야구모자에 선글라스까지 쓰고 가게로 갔다 생필품 코너를 어슬렁거리며 내내 기도했다.

'주님, 교인들 눈에 절대 띄지 않게 해주세요. 이번만 누구의 눈에도 띄지 않고 조용히 나가게 해주세요.'

온 신경을 집중한 덕에 그럭저럭 아내가 부탁한 물품을 찾아 최선을 다해 다른 물품들 사이에 숨겼다. 물론 그 핑크 상자가 삐져나오지 않도록 목록에 없는 물품도 몇 개 집어넣었다. 쇼핑 목록의 마지막 물품을 챙긴 후 곧바로 계산대로 향했다. 이제 안도의 한숨을 쉬고 감사 기도를 드리는 일만 남았다. 그런데 줄을 서려는 순간 젖은 바닥에 미끄러지고 말았다.

두 팔을 휘저으며 들고 있던 바구니와 거기 담긴 물품들이 내 위로 쏟아졌다. 나는 슬로우모션처럼 바닥에 쓰러졌다. 바닥에 부딪힌 등이 너무 아파 제대로 숨을 쉬는 데 한참이 걸렸다. 사람들이 나를 쳐다보며 웃는 게 보였다. 나는 이렇게 생각했다.

'그래요, 주님. 저를 이렇게 골탕 먹이니 퍽이나 재미있으시겠어요.'

아무도 나를 도와주려 하지 않자 한편으로 화도 났지만 한편으로 안심이 되기도 했다. 곧장 일어나 밖으로 도망쳐 다른 가게에 들어가 쇼핑을 다시 시작하려고 마음먹었다. 그러나 잠시 더 그 자리에 앉아 있자니, 얼굴에 미소가 떠오르기 시작했다.

남자답게 작은 사건(여성용품, 아픈 등, 그 밖에 다른 것들)들을 수습하고 일어나 쇼핑을 마무리할 수 있다는 확신이 생겼다. 그래서 그렇게 했다. 일어나 물품들을 주워 모은 후에 무사히 계산대를 통과했다. 차를 몰고 집으로 돌아오는 길에 자꾸만 웃음이 나왔다.

내가 순간적으로 남자다운 자신감을 잃었던 일을 생각하노라니 이곳 아칸소에 본사를 둔 월마트의 설립자 샘 월튼(Sam Walton)에 관한 일화가 떠올랐다. 월튼은 첫 매장을 아칸소 주 뉴포트에 열었다. 그는 시내에서 가장 좋은 종합 쇼핑몰을 열었고, 크게 성공했다. 땅 주인이 그를 쫓아내고 그 매장을 차지하려 했을 정도로.

당시 그 작은 도시에는 달리 쇼핑할 곳이 없었다. 후에 샘 월튼은 그때가 사업 인생의 밑바닥이었고, 그야말로 끔찍했다고 고백했다. 하지만 그는 오래 주저앉지 않았다. 그가 하나님에 대한 소망과 자신에 대한 확신을 잃었다면 지금 아무도 그를 모를 것이다. 그러나 샘은 자신이 누군지 기억했고, 다시 일어났으며, 자신의 소명을 향해 나아가는 다른 길을 찾았다.

다리 놓기

우리 모두 작든(내가 계산대 앞에 넘어져 어쩔 줄 몰라 했던 때처럼) 크든(월튼이 매장을 잃었을 때처럼) 이런 사건들을 경험한다. 바닥에 쓰러져 자신의 삶이 기습공격 당했다고 느낀다. 식당에서 신용카드를 내밀었으나 결제가 거부될 때나 약속받은 승진에서 탈락했을 때가 이런 순간일지 모른다. 배우자의 즐겨찾기 사이트 목록을 보거나 믿었던 친구에게 배신을 당했을 때가 이런 순간일 수 있다.

우리의 첫 반응은 도망쳐 숨거나, 가면을 쓰거나, 상처받거나 실망하지 않은 척하는 것일지도 모른다. 그러나 이런 반응들은 대개 우리가 더 진실한 사람이 되고 확신을 키우는 데 도움이 되지 않는다. 이제 알게 되겠지만 하나님을 신뢰하고 다시 일어서는 것이 앞으로 나아가는 유일한 방법이다.

당신이 어느 직업을 선택하든, 어떤 형태의 관계를 가지려 하든 진실하고 성취하는 삶을 살려면 반드시 확신이 있어야 한다. 그러면 사람들과 관계가 더 좋아진다. 강한 확신이 있으면 더 생산적이 되고, 더 사랑하게 되며, 더 안전해지고, 심지어 더 잘 생겨진다. 당신의 중심에 건강한 확신이 살아 있으면 더 나은 배우자, 더 나은 친구, 더 나은 고용주, 더 나은 부모가 된다.

내가 볼 때, 대다수 사람들의 문제는 확신이 위험할 정도로 낮다는 것이다. 그리스도인과 비그리스도인이 별반 다르지 않다. 내가 말하는 확신이란 그저 〈오프라 쇼〉 재방송을 보거나 하프타임 때 라커룸에서 감독의 작전 지시를 듣는 데서 얻을법한 개인적인 동기부여나 자조(自助)나 '너는 할 수 있어!' 같은 게 아니다. 내가 말하는 확신이란 이보다 훨씬 깊고 오래가는 것이다.

그것은 우리가 세상을, 서로를, 자신을, 하나님을 어떻게 보느냐에 근본적으로 영향을 미치는 영적 자질이다. 히브리서 기자는 "믿음은 바라는 것들의 확신이요, 보이지 않는 것들의 증거입니다"(히 11:1, 새번역)라고 말한다.

여기서 '확신'(confidence)으로 번역된 헬라어 'hupostasis'는 문자적으로 지지물, 기초, 우리의 확언이나 강한 이해를 뜻한다. 구조물을 떠받치는 기초의 힘을 말하는 것이다.

이런 정의는 왜 내가 확신을 우리 영혼의 본질적 자질로 보는지를 설명하는 데 도움이 된다. 내 친구 보드로가 사는 뉴올리언스 근처의 명물인 레이크 폰차트레인 코즈웨이(Lake Pontchartrain Causeway Bridge, 세계에서 가장 긴 다리로 길이가 무려 38킬로미터에 이른다)의 교각들처럼 우리의 확신은 우리 삶의 여정을 떠받친다.

차를 몰고 이 다리를 건너보았다면, 이 다리를 건너려면 당신을 떠받칠 완전한 믿음이 필요함을 알 것이다. 당신의 확신이 삶에 오래 지속될 다리를 놓아야 한다.

성경에서 확신에 관해 쓴 사람은 바울만이 아니다. 확신은 구약과 신약에서 수십 차례 나온다. 우리에게 확신의 중요성을 상기시켜주는 몇몇 구절을 살펴보자.

주 여호와여 주는 나의 소망이시요
내가 어릴 때부터 신뢰한 이(confidence)시라 시 71:5

그러나 무릇 여호와를 의지하며
여호와를 의뢰하는(confidence) 그 사람은 복을 받을 것이라 렘 17:7

그러므로 너희 담대함(confidence)을 버리지 말라
이것이 큰 상을 얻게 하느니라 히 10:35

그를 향하여 우리가 가진 바 담대함(confidence)이 이것이니
그의 뜻대로 무엇을 구하면 들으심이라 요일 5:14

첫 번째 구절의 '신뢰한 이'는 여호와를 가리키는 말이다. 그분은 당신의 확신이다. 바위처럼 그분은 언제나 그곳에서 당신을 위해 계신다. 신약에 나오는 뒤의 두 구절에서 이 단어는 '공개적으로 말할 자유'나 '기꺼운 용기'를 뜻한다.

이것은 우리 아이들이 어릴 때 달려와 내 무릎에 그야말로 날아들던 때를 떠올리게 한다. 그러고 나면 우리는 서로를 간지럽히거나 아이스크림을 사러 나가곤 했다. 아이들은 나와 만날 약속을 미리 해야

한다고 느끼지 않았다. 내가 그들의 아버지이기 때문이다.

연료를 소진하다

확신이 우리의 행복에 그렇게 중요하다면 왜 확신을 유지하기가 어려운가? 그리스도인으로서 우리는 그 누구보다 강한 확신을 가져야 한다. 그러나 우리가 확신하는 기초가 삶의 태풍에 휘말리면 허리케인에 휩쓸린 가건물보다 빨리 무너져 사라지는 것 같다.

그리스도 안에서 온전함을 경험하는 능력으로 생기는 우리의 온전함(integrity)도 흔들린다. 기초에 균열이 생기면 집이 계속 튼튼하리라 기대할 수 없다.

사람들은 여러 이유에서 자신감(self-confidence)을 붙들고 씨름한다. 많은 경우, 우리의 정서 연료통을 채울 충분한 연료를 공급받지 못하기 때문이다. 앞서 살펴본 우리와 하나님의 관계 다음으로 우리가 연료를 채우는 곳은 가정이어야 한다. 그러나 많은 경우에 가정은 연료를 소진하는 곳, 배우자와 자녀들과 나이 든 부모를 위해 다리를 떠받치느라 에너지를 소비하는 곳이 되었다.

남편들은 자신이 약하고 두려워한다는 것을 아내에게 들킬까 봐 겁낸다. 사실 그것을 드러내려면 큰 신뢰와 용기가 필요하다. 아내들은 가족 모두에게 도움을 주려고 힘써 노력한다. 집안일을 하고 아이들을 실어 나르며 일찍 일어나 늦게까지 일하느라 자신이 누군지 잊어버린다. 자녀들도 장학금을 받고 좋은 대학에 가려면 시합에서 이겨야 하며 좋은 성적을 받아야 한다는 압박감을 느낀다.

가족 다음으로 우리를 사랑하고 응원하는 가까운 친구들이 필요하다. 그러나 친구는 우리가 사랑받고 도전받으며 있는 그대로 가치 있게 여겨지는 관계의 원천이 아니라 페이스북의 숫자 게임이 되어버렸다. 우리 가운데 너무나 많은 사람들이 가까운 친구에게 배신당해 다시 마음을 열고 신뢰하기 어려워한다.

그래서 우리는 소셜 미디어나 문자 뒤에 숨어 자신이 가장 바라는 것, 즉 우리를 가장 잘 알고, 있는 그대로 우리를 사랑하는 사람들과의 친밀한 우애로부터 스스로 멀어진다.

교회는 낮은 자신감을 고쳐주는 믿음직한 치료처가 되기보다 오히려 문제를 가중시킬 때가 많다. 함께 하나님을 사랑하고 그리스도를 따르는 사람들의 공동체가 되기보다 비교하고 경쟁하며 숨고 순응하는 곳이 될 수 있다. 우리 영혼의 확신을 강화하는 대신 더 약하게 하고 진정한 희망을 갖길 두려워하게 만든다. 하나님의 의도와는 정반대다.

확신에 찬 그리스도인

연료통이 채워져야 할 곳이나 관계에서 우리의 연료통이 비어간다면 하나님이 당신을 채우실 차례라는 걸 명심하라. 하나님은 당신이 진실할 수 있도록 당신의 기초가 그분 안에서 견고해지길 원하신다. 하나님께서 당신을 어떻게 보시고, 격려하시고, 힘을 주길 원하시는지 알면 확신이 더욱 강해질 것이다. 그중 몇 가지를 살펴보자.

〽️ 우리는 하나님의 놀라운 은혜를 확신한다

최근에 베드로와 유다에 관한 메시지에서 놀라운 깨달음을 얻었다. 두 제자가 범한 죄는 별로 다르지 않았다. 하나는 부인했고, 하나는 배신했다. 둘 다 스승을 따랐고, 사랑한다고 했으나 마지막에 실망시켰다.

베드로는 자신이 예수님을 얼마나 사랑하는지 자랑했으며 그분의 곁을 절대 떠나지 않겠다고 했으나 불과 몇 시간 후에 한 번도 아니고 세 번이나 그분을 모른다고 부인했다(마 26:35, 69-75)! 유다가 예수님을 배신한 것이 돈 욕심 때문이었는지, 메시아에게 집중되는 관심에 질투를 느꼈기 때문이었는지, 아니면 다른 어떤 이유 때문이었는지 알 길이 없다. 그러나 그가 은 30을 받고 예수님을 유대 지도자들에게 넘긴 후에 죄책감을 이기지 못하고 목숨을 버렸다는 것은 확실하다(마 26:14, 15, 27:1-5).

예수님이 부활하신 후 천사는 여자들에게 "가서 그의 제자들과 베드로에게 이르기를…"(막 16:7)이라고 했다. 왜 베드로를 지목했는가? 그가 실패했고, 하나님은 그의 자신감을 회복시키길 원하셨기 때문이다. 나는 유다가 살아 있었다면 천사는 "가서 제자들과 베드로에게 이르고, 유다에게도 일러라"라고 말했을 것이라고 믿는다.

하나님께서는 우리의 자신감을 회복하려 하신다.

"그러므로 우리는 긍휼하심을 받고 때를 따라 돕는 은혜를 얻기 위하여 은혜의 보좌 앞에 담대히(with confidence) 나아갈 것이니라"(히 4:16).

하나님께 나아가는 길은 우리가 확신을 쌓고 유지하는 정도와 밀접한 관련이 있다. 하나님께서 우리가 그분과 어떻게 연결되길 원하시는지 성경 전체에서 아주 분명히 밝히신다.

> 너희는 다시 무서워하는 종의 영을 받지 아니하고 양자의 영을 받았으므로 우리가 아빠 아버지라고 부르짖느니라 롬 8:15

우리에게 유죄 판결을 내리려고 기다리는 재판관이나 도로에서 우리를 잡으려는 교통경찰이 아니시다. 그분은 우리의 아빠다. 우리에게 소리를 지르거나 질타하지 않고, 자신의 형상으로 창조된 자신의 자녀로 대하신다. 우리를 아주 잘 아시며, 머리카락이 몇 가닥인지도 다 아신다. 어떤 사람들은 하나님은 목소리가 작고 조용해서 그분의 음성을 들으려면 그분에게 바싹 다가가야 한다고 말한다.

그런데 우리 가족은 전혀 이렇지 않다. 엄청 시끄럽다! 크게 얘기하고, 웃으며, 시끄럽게 먹고, 크게 운다. 막내 그레이스는 예외다. 그레이스는 속삭인다. 이따금 우리 집이 사람들로 가득하고 시끌벅적할 때면 내게 무슨 말을 하려고 가만히 다가온다.

"그레이스, 무슨 일인데? 할 말 있니?"

몸을 구푸리고 귀를 그레이스에게 바싹 갖다 대면 그 아이는 "그냥 '사랑해요'라고 말하고 싶어서요"라고 말한다.

그러면 나는 환한 미소를 짓는다. 그렇다. 하나님께서는 우리가 바싹 다가와 들도록 속삭이신다. 극적인 사건이나 고통스런 환경을 통해 우리의 주의를 끄실 수도 있을 테지만, 대개 조용히 말씀하신다.

우리가 얼빠진 짓을 해서 그에 마땅한 벌을 줄 권리가 얼마든지 있을 때라도, 팔을 활짝 벌리고 다가오신다. 우리는 모두 탕자 이야기를 안다. 탕자는 모든 걸 다 잃은 후 아버지에게 돌아가기로 결심했다(눅 15:11-32).

나는 어릴 때 통행금지 시간을 자주 넘기곤 했는데, 탕자가 그때의 나와 같았다면 아버지에게 돌아가서 할 말을 수도 없이 연습했을 것이다. 그러나 그렇게 연습한 말은 전혀 쓸모가 없었다! 아버지는 멀리서 탕자를 보고는 맨발로 달려와 그를 덥석 끌어안았다. 말을 할 필요가 없었다. 아버지의 사랑이 그를 압도했기 때문이었다.

장남인 헌터가 다섯 살 무렵, 그를 데리고 낚시를 갔다. 나는 아이에게 틀림없이 고기를 잡을 수 있을 거라고 장담했다. 그러나 헌터는 고기 잡는 데 전혀 관심이 없었다. 그는 돌멩이와 나무 막대기를 던지고 진흙탕에서 노느라 정신이 없었다. 그러는 내내 나는 한 마리라도 잡으려고 안달했다.

마침내 고기가 잡히자 아이가 보지 않는 틈을 노려 물고기를 그의 낚싯바늘에 얼른 꿰고는 헌터를 불렀다.

“이리 좀 와볼래! 하나님이 네 낚싯대에 고기가 걸리게 하신 것 같은데….”

다음 날, 집으로 돌아가 이렇게 말했다.

“헌터, 우리가 뭘 잡았는지 엄마한테 말해주렴.”

그러자 아이가 말했다.

“아빠가 물고기 한 마리를 잡아서 내 바늘에 꿰어 내가 잡게 해주었어요.”

나는 헌터에게 왜 알면서도 말하지 않았느냐고 물었다. 아이가 놀라운 대답을 했다.

“그냥 아빠랑 함께 있는 게 즐거웠기 때문이에요.”

하나님은 우리가 그분과 시간을 보내는 걸 즐거워하길 원하시며, 우리가 이 특권을 누리도록 엄청난 값을 지불하셨다. 그 결과, 우리는 생각지도 못할 만큼 그분을 확신할 수 있게 되었다.

우리는 확신을 갖고 고대한다

하나님이 우리를 얼마나 사랑하시는지를 알 때, 그분이 우리에게 유일무이한 목적을 주셨다는 것도 더 분명하게 안다. 첫 매장을 잃었을 때 패배를 받아들이길 거부했던 샘 월튼처럼 우리는 삶의 장애물을 극복하고 원수의 일을 멸하리라는 더 큰 확신을 갖는다. 우리를 향한 하나님의 계획을 앎으로써 그것이 아무리 불가능해 보이더라도 포기하길 거부한다.

나는 네 부류의 꿈이 있다고 믿는다. 우리는 꿈을 갖지 않거나(no

dreams), 낮은 꿈(low dreams), 잘못된 꿈(wrong dreams), 하나님의 꿈(God's dreams)을 꿀 수 있다. 우리는 앞의 세 꿈에 안주한 나머지 추구할 가치가 있는, 우리를 만족시키며 예수님이 주려 하신 풍성하고 기쁜 삶을 가져다줄 유일한 꿈을 자주 놓쳐버린다.

또 과거의 실수와 잘못된 선택으로 인해 우리의 꿈을 제한하게 내버려두고픈 유혹을 받는다. 자신이 한 일과 그 결과로 지금 직면하는 한계에 사로잡힌 나머지 자신이 어디로 향하는지조차 모른다.

이런 '뒤돌아보기'는 아내의 차에서 겪은 일을 떠올리게 한다. 나는 아내의 차를 운전하려 할 때마다, 룸미러가 제 방향에 맞춰져 있지 않고 하늘이나 바닥을 향해 있는 걸 본다! 그때마다 아내에게 말한다.

"룸미러를 좀 보면서 운전해요. 폼으로 있는 게 아니에요!"

그러나 아내는 이렇게 대답한다.

"난 룸미러가 필요 없어요. 난 앞으로만 가지 뒤로는 가지 않거든요."

좋은 운전 기술은 아니다. 그러나 하나님의 꿈을 추구하는 데는 아주 중요한 원리다. 바울이 일깨우듯이 우리는 "오직 한 일 즉 뒤에 있는 것은 잊어버리고 앞에 있는 것을 잡으려고"(빌 3:13) 달려감으로써 우리의 꿈에 대한 확신을 유지한다.

▥▥▥ 우리에게는 확신에 찬 담대함이 있다

사람을 두려워하지 않기로 결심하면 예수님을 따르는 것은 그야말로 즐겁다. 내가 아는 수많은 그리스도인들은 사람들이 자신을 배척하거나 포기하거나 직접적인 해를 끼칠까 봐 두려워한다.

이런 모습은 예수님이 제자들에게 그분을 따르는 대가를 가르치고 자신의 아버지에 관해 공개적으로 말씀하시는 장면에서도 나타난다. 그리스도께서 박해의 때가 있으리라고 분명히 말씀하셨다. 그분은 제자들에게 그들을 반대하는 사람들을 두려워하지 말라고 하셨다.

몸은 죽여도 영혼은 능히 죽이지 못하는 자들을 두려워하지 말고 마 10:28

우리의 확신이 사람들이 우리를 어떻게 생각하느냐에서 오는 게 아니라 하나님과 관계에서 온다는 사실을 지속적으로 일깨우신다. 내가 히브리서의 다음 구절을 무척이나 좋아하는 것도 이런 까닭이다.

돈을 사랑하지 말고 있는 바를 족한 줄로 알라 그가 친히 말씀하시기를 내가 결코 너희를 버리지 아니하고 너희를 떠나지 아니하리라 하셨느니라 그러므로 우리가 담대히(with confidence) 말하되 주는 나를 돕는 이시니 내가 무서워하지 아니하겠노라 사람이 내게 어찌하리요 하노라 히 13:5,6

많은 사람이 두려워서 관계 회복을 위해 수화기를 들지 못한다. 어떤 사람들은 두려워서 새로운 사업을 감히 시작하지 못한다. 어떤 사람들은 똑같은 이유에서 배우자에게 진실을 말하고 용서를 구하지 못한다. 다른 사람들의 반응을 당신이 갖는 확신의 근원으로 삼는 것은 결코 오래 가지 못한다.

사람을 기쁘게 하려고 애쓸 때, 당신의 관계와 정서는 결국 마비되고 만다. 위험을 무릅쓰고 자신이 되길 두려워하게 된다. 그래서 달아나 진정한 자신을 다시 숨긴다. 그러나 다른 사람들의 생각에 개의치 않고 하나님이 어떻게 생각하시는지를 기억할 때, 설령 위험하더라도 진실을 말할 놀라운 자유를 발견한다.

언젠가 편의점에서 물건을 사는데, 한 남자가 실수로 우유 한 통을 바닥에 떨어뜨렸다. 그는 크고 화난 목소리로 "지저스 크라이스트!"라고 소리쳤다. 그날 나는 담대하게 그에게 말했다.

"선생님, 왜 '부처님!'이나 '하레 크리슈나!'라고 외치지 않으세요? 예수님 이름을 그렇게 사용하지 마세요."

내가 계산대로 가자 점원이 미소를 지으며 말했다.

"부처님이라고 하신 거 정말 멋졌어요!"

젊은 부자 관원 이야기를 기억할 것이다(막 10장). 성경에 따르면 이 사람은 실제로 예수님께 '달려와' 그분 앞에 무릎을 꿇고 "내가 무엇을 하여야 영생을 얻으리이까"(17절)라고 물었다. 예수님은 그에게 율법을 지키라고 하셨고, 그는 어릴 때부터 율법을 지켰다고 대답했다. 그러자 예수님은 하나를 더 요구하셨는데 큰 희생이 따르는 일이었다.

그러나 그는 그 요구를 따르지 않기로 결정했다. 위험을 감수할 확신이 없었던 것이다. 그는 아마도 이렇게 생각했을 것이다.

'내가 모든 걸 가난한 자들에게 준다면 사람들이 나를 어떻게 생각

할까? 내가 중요한 인물이라는 걸 어떻게 알까?'

그래서 그는 예수님의 요구를 따르는 대신에 풀이 죽고 낙담한 채 돌아갔다. 우리는 이 사람의 이름을 비롯해 그에 관해 아무것도 모른다. 순종했다면 그의 이름이 역사상 가장 강력한 책에 기록되어 대대로 전해졌을 것이다. 예수님은 모든 사람을 향해 확신을 가지셨으며, 우리도 그런 확신을 갖길 원하신다.

▏▎▍ 우리에게는 확신에 찬 진실이 있다

하나님은 우리 모두가 있는 그대로, 마음을 열고 정직하길 원하신다. 그분이 우리를 받아들이시기 때문에 우리는 확신을 갖고 진실할 수 있다. 숨은 자리에서 영원히 나올 수 있다. 우리 삶의 모든 부분에서 흠이 없고 정결할 수 있다. 성경은 "참 마음과 온전한 믿음으로 하나님께 나아가자"(히 10:22)라고 말한다.

스스로 삶을 영위할 수 없음을 깨닫고 그럴 수 있는 척하길 그칠 때, 당신은 올바른 자리에 서게 된다. 하나님과 성령을 의지하는 가장 좋은 자리에! 우리는 이 자리에 있길 늘 좋아하거나 이렇게 연약해지는 게 늘 편안하지는 않다. 그러나 이 자리에 있으면 자유하게 된다. 스스로 뭔가 해보려는 노력을 내려놓고, 하나님의 계획을 따르며 그분이 일하시게 한다.

내가 배턴루지에서 부목사로 있을 때, 교회 소그룹 수가 점점 늘어났다. 그때 나는 브라이언이라는 형제에게 좋은 리더가 될 거라는 확신을 심어주었다. 자신의 소그룹이 모이는 첫날, 그는 방에 들어가 당황해서 어쩔 줄 모른 채 내게 전화를 걸어 너무 무섭다고 했다. 절대 못하겠다는 그의 말에 내가 거의 설득될 지경이었다.

시간이 되어 브라이언의 아내가 거실로 끌고 가다시피 데리고 나가자 그가 마침내 입을 열었다.

"저는 그만두겠습니다. 저는 물러나고 성령님께 맡기겠습니다."

무슨 일인가가 일어났다. 사람들이 그의 솔직함에 감동했다. 두 시간 후, 많은 참석자가 브라이언에게 지금까지 참석한 소그룹 중에 최고였으며 다음 모임이 정말 기다려진다고 했다. 이 그룹은 여러 해 동안 잘 유지되었고, 브라이언은 이따금 엄숙한 표정으로 모임을 시작하면서 "그만두겠습니다"라고 말하곤 했다.

우리의 정직과 진실이 하나님이 요구하고 존중하시는 유일한 자질은 아니다. 하나님은 이것들을 우리의 모든 관계에서도 사용하신다. 우리의 열린 태도는 아버지와 나누는 열린 대화로 이어질 뿐 아니라 사람들과 관계를 향상시켜준다.

우리가 사려 깊고 친절하며 두려워하지 않을 때, 사람들은 우리가 하는 말을 좋아하지 않더라도 우리를 존경할 것이다. 사람들은 확신을 느끼길 좋아하며, 더 큰 확신과 용기를 갖도록 북돋아주는 사람들 곁에 있고 싶어 한다.

어떤 사람들은 낙담할 때 도망치려고 가장 가까운 탈출구를 찾는다. 그러나 어떤 사람들은 그 자리에 남아 척한다. 내가 신학교를 졸업한 직후에 그랬듯이 자신이 모든 걸 다 할 수 있는 척한다. 둘 중 어느 쪽도 되지 말라. 진실이 최고의 방책이며, 하나님과 동행하고 사람들과 동행하는 당신의 걸음을 더 견고하게 해준다는 걸 잊지 말라.

하나님은 우리 모두가 그분의 사랑과 그리스도 안에 있는 소망을 확실히 알고 쉼을 얻길 바라신다. 이런 확신을 가질 때, 자기 자신일 수 있는 자유를 가질 뿐 아니라, 이것을 다른 사람들과 나눌 특권을 갖는다.

우리는 실패할 자유, 아내의 여성용품을 사다 줄 자유, 사업을 다시 시작할 자유, 넘어졌다가 다시 일어날 자유가 있다. 우리는 사랑의 근원되신 분에게 사랑받기에, 사랑할 자유가 있다. 우리의 확신은 그분에게 있기에 진실할 수 있다.

진정한 변화를 위한 진정한 희망

이 책의 첫머리에 말했듯이 나는 영광스럽게도 〈아메리칸 아이돌〉 결승과 크리스 알렌이 우승하는 모습을 현장에서 지켜보았다. 나는 정말이지 크리스가 자신에게 진실하고 자신의 삶을 향한 하나님의 부르심에 순종한 훌륭한 본보기라고 믿는다. 그는 성공했다고 가치관이나 신념이 달라지지 않았다. 그는 척하라며 우리를 부추기는 세상에서 진실하다는 말의 의미에 여전히 초점을 맞춘다.

크리스가 이 프로그램에서 경쟁할 때, 어떤 사람들은 그를 응원하고 그의 우승을 축하해주기는커녕 교회 찬양팀 리더가 그런 쇼에 나가도록 내버려두었다며 나를 질책했다. 그들은 내게 이렇게 물었다.

"왜 그리스도인을 대중문화의 사자굴에 던지십니까? 왜 할리우드와 음악 산업의 유혹에 빠뜨리십니까? 왜 저들의 세상 가치관을 인정하시는 겁니까?"

그들에게 이것은 한 그리스도인을 세상의 악에서 분리하고 교회의 다른 그리스도인들을 크리스의 성공이 주는 세상적 유혹으로부터 보호하는 문제였다.

나는 그들에게 간단하게 답했다.

"예수님이 우리를 불러 그분의 희망 메시지를 온 세상에, 모든 사람에게, 할리우드 사람들에게까지 전하라고 하셨기 때문입니다! 하나님은 더없이 특별한 이 기회를 통해 자신의 믿음을 나누도록 크리스를 부르신 게 분명하기 때문입니다."

나는 하나님께서 우리가 격리된 채 살면서 자신을 주변 문화로부터 보호하길 원하신다고 믿은 적이 없다. 그분은 맛을 잃고 어둠 속을 헤매는 세상에서 우리가 소금과 빛이 되길 원하신다. 절망의 어둠만 보는 세상에서 희망의 신호탄이 되길 바라신다고 확신한다.

하나님은 우리에게 닥쳐오는 그 어떤 유혹도 이겨낼 힘을 주실 것이다. 우리가 이것을 알고 진실하게 그분의 힘을 의지하길 바라신다. 말과 행동, 태도와 습관을 통해서 음악과 예술 분야에서도 그분의 성품을 드러내길 원하신다. 역경과 어려운 시기뿐 아니라 명성과 성공을 얻은 후에도 어떻게 그분을 드러내는지 보여주길 원하신다.

우리의 정체성의 근원이 그리스도께 있을 때, 진정한 희망을 품고 살며 진실할 자유를 발견한다. 우리가 자신에 대해 진실할 때, 우리가 제시하는 희망도 진짜다. 그 어느 때보다 사람들에게 희망의 힘을 일깨워야 한다.

희망이 사라진 때에도

우리가 보았듯이 진실하려면 자신을 의지하려 들거나 척하지 않도록 하나님을 의지해야 한다. 환경에 제한을 받거나 고통스러운 사건들에 깊이 파묻혀 있어서는 안 된다. 주님 안에 있는 희망(소망)을 가져야 한다. 성경은 "여호와께서는 자기에게 희망을 걸고 자기를 찾는 자에게 은혜를 베푸시니"(애 3:25, 현대인의 성경)라고 말한다.

바울은 이렇게 썼다.

"희망의 원천이 되시는 하나님이 여러분에게 믿음으로 기쁨과 평안을 마음껏 누리게 하셔서 여러분의 희망이 성령님의 능력으로 넘치기를 바랍니다"(롬 15:13, 현대인의 성경).

삶의 모든 우여곡절을 겪으면서도 희망을 잃지 않는 법을 배우고 싶다면 아브라함만큼 좋은 본보기가 없다. 그는 하나님의 계획을 좇을 때, 잘못될 만한 것은 모두 잘못되는 광경을 지켜보면서 기다리고 또 기다려야 했다. 온갖 실수를 저질렀으나 한 가지 실수는 결코 하지 않았다. 절대 희망을 잃지 않았다. 아브라함은 희망 중독자였다!

아브라함은 희망이 사라진 때에도 바라면서 믿었으므로 "너의 자손이 이와 같이 많아질 것이다" 하신 말씀대로, 많은 민족의 조상이 되었습니다

롬 4:18, 새번역

이 구절은 모순처럼 들리지만 모순이 아니다! 비합리적으로 보일

때라도 하나님께 줄곧 희망을 두어야 한다는 걸 일깨워줄 뿐이다.

늙은 아브라함의 예를 통해 희망에 관해 배울 수 있는 교훈이 여럿 있다. 먼저 우리의 미래를 책임지시는 하나님을 향해 나아가야 한다. 하나님은 아브라함에게 그의 아버지 데라가 정착한 곳을 떠나 "내가 네게 보여줄 땅으로 가라"(창 12:1)고 명하셨다. 아브라함은 하나님이 자신을 정확히 어디로 인도하시는지 알지도 못했으나 그분을 따라야 한다는 것은 알았다.

우리도 다르지 않다. 하나님께서는 우리에게 바로 다음 걸음만 보여주신 뒤에 그분을 신뢰하라고 요구하신다. 아이들이 어릴 때 캠핑을 떠나는 것과 같다. 아이 중 하나는 한밤중에 화장실에 가고 싶다면서 잠에서 깬다. 그러면 당신은 손전등을 켜서 자신의 발밑을 비추면서 아이의 손을 잡고 이끈다. 아이는 어디로 가는지 모르기에 무섭지만 당신을 믿고 한 발 한 발 따라간다.

우리가 행동을 취하고 그분이 가라는 방향으로 움직일 때 하나님께서 복을 주신다. 그분이 내게 복을 주신 것은 언제나 내가 움직이고 있을 때였다. 나는 큰 결정을 내릴 때마다 생각에 잠기고 기도하며 사람들과 의논했다. 그러나 내가 그분의 음성을 향해 실제로 걸음을 내디딜 때에야 내게 복을 주신다.

아브라함의 아버지 데라는 하나님이 그를 부르신 곳에 이르지 못한 채 걸음을 멈췄다. 그는 '하란'이란 곳에 이르렀는데, 우연히도 그곳은 죽은 아들의 이름과 같았다. 아들을 잃은 슬픔에 꼼짝 못했거나 여정에 탈진해서 하나님이 그를 인도하시려 했던 곳에 미치지 못한 지점에 안주했을지 모른다.

아브라함은 하나님이 자신을 하란에서 불러내시는 음성을 들었을 때, 큰 결단을 내려야 했다. 아버지 데라처럼 그 자리에 머무를 수도 있었다. 또는 하나님의 부름이라는 희망을 향해 믿음으로 발걸음을 내디딜 수도 있었다.

우리도 매일 같은 선택에 직면한다. 그럭저럭 살아가며, 겨우 숨을 쉬면서 또 하루를 생존하는 데 안주하는 쪽을 선택할 수도 있다. 또는 하나님이 인도하시는 길을 따름으로써 우리의 미래를 맡기는 쪽을 선택할 수도 있다. 안전책을 강구할 수도 있고, 위험을 감수할 수도 있다. 아브라함은 위험을 감수했고, 하나님이 그의 속에 두신 잠재력을 발휘했다.

> 믿음으로 아브라함은 부르심을 받았을 때에 순종하여 장래의 유업으로 받을 땅에 나아갈새 갈 바를 알지 못하고 나아갔으며 히 11:8

하나님은 당신에게 미래를 향해 담대하게 나아가 당신의 유업을 만들라고 하신다. 당장은 보지 못할지 모르지만 영원히 계속될 유업을 남기라고 요구하신다.

금보다 더 귀하다

진실하게 척하길 그치고 싶다면 '희망'이 생명줄이다. 그러나 희망을 품고 산다고 해서 문제가 닥치지 않는 건 아니다. 우리가 희망을 품는다는 사실이 싸울 필요가 없다는 뜻은 아니다. 사실, 아브라함은 자신의 미래를 맡기고 하나님을 따르기로 결정하자 문제에 부딪혔다. 약속의 땅에 도착하자마자 기근이 닥쳤고, 그는 애굽으로 내려갔다. 그가 예상했던 미래는 이런 게 아니었을 것이다!

하나님을 따르고 진실하기로 선택할 때, 장애물을 만나리라 예상해도 좋다. 장애물은 때로 여정의 일부이고, 우리를 향한 원수의 공격이다. 내 말이 무슨 뜻인지 알 것이다. 부부를 위한 수련회에 참석해 결혼생활을 하나님께 맡겼으나 집에 돌아오자마자 이전보다 더 심하게 싸울 수 있다. 주머니를 열어 하나님의 일을 하려 하지만 갑자기 일이 터져 빚을 지는 일 외에 달리 선택할 방법이 없을 수도 있다.

왜 이래야 하는가? 대답은 놀랍도록 간단하지만 우리가 듣고 싶은 게 아니다. 고통은 진정한 성장을 위해 치러야 하는 비싼 대가다. 고통이 없으면 얻는 것도 없다. 완벽한 삶에 이르는 손쉬운 다섯 단계란 없다. 대부분의 사람들은 과정 없이 완제품을 원하지만 완제품은 반드시 과정을 필요로 한다. 우리는 성장 과정을 건너뛸 수 없다. 모든 게 손쉬울 거라고 기대할 수 없다.

싸움과 도전은 우리를 약하게 하는 게 아니라 강하게 하는 데 목적이 있다. 성경은 이것을 이렇게 표현한다.

그러므로 너희가 이제 여러 가지 시험으로 말미암아 잠깐 근심하게 되지 않
을 수 없으나 오히려 크게 기뻐하는도다 너희 믿음의 확실함은 불로 연단
하여도 없어질 금보다 더 귀하여 예수 그리스도께서 나타나실 때에 칭찬과
영광과 존귀를 얻게 할 것이니라 벧전 1:6,7

희망 중독자라도 이따금 지친다. 빈스 롬바르디(Vince Lombardi, 1913-1970, 미국 미식축구 선수)는 "피로는 우리 모두를 겁쟁이로 만든다"라고 말했다.

아브라함은 이것을 틀림없이 경험했다. 당신이 하나님을 따르며 그분의 명령에 순종하려고 최선을 다하지만 아직도 가야 할 길이 멀다고 느낀다면 재빨리 하나님께 기대는 법을 배워야 한다(하나님은 우리가 언제나 이렇게 그분을 의지하길 원하시지만 우리는 이것을 늘 깨닫지는 못한다).

자신이 지금껏 있었던 곳이 아니라 자신이 향해 가는 곳에 집중해야 한다. 직면한 문제가 난공불락이라고 말하길 그치고, 대신에 예수님이 하신 말씀을 자신에게 일깨워야 한다.

"믿는 자에게는 능히 하지 못할 일이 없느니라"(막 9:23).

하나님은 성경에서 이런 놀라운 약속을 숱하게 하셨다. 그중 몇 가지 예를 들자면 누가복음 1장 37절은 "하나님께는 불가능한 일이 없다"(새번역)라고 선언한다. 전혀 없다!

마태복음 7장 7절은 "구하라 그리하면 너희에게 주실 것이요 찾으라 그리하면 찾아낼 것이요 문을 두드리라 그리하면 너희에게 열릴

것이니"라고 말한다. 당신이 불가능해 보이는 걸 극복하지 않으려는 유혹을 받을 때 하나님의 약속을 찾아보라. 더 많은 것을 발견할 것이다.

모든 것이 가능하다는 마지막 도전이 당신에게 지나친 비약으로 들린다면 적어도 이렇게 해보라. 당신이 옴짝달싹 못하는 상황에 갇혀 "나는 할 수 없어"라고 말하고 있다면, 마지막에 '아직은'이라는 단어를 넣어보라.

"나는 ＿＿＿＿＿ 을 할 수 없어, 아직은."

그리고 이렇게 덧붙여라.

"그러나 하나님이 함께하시면⋯."

그러나 하나님이 함께하시면 모든 상황은 바뀐다. 철저하게.

우리의 태도는 우리가 어떻게 느끼고 행동하느냐를 결정하는 데 중요하다. 우리는 태도를 바꾸기로 선택할 수 있다. 어릴 때 학교에 가기 싫어 배가 아픈 척한 적이 있다. 우습게도 그렇게 하루를 보내고 나면 정말 아픈 것처럼 느껴졌다. 건강염려증 환자의 묘비에 새겨진 글 같다.

"거봐, 내가 아프다고 했잖아!"

희망이 현실로

당신의 삶에서 더 큰 희망을 원한다면, 하나님은 당신을 돕길 원하시며 그렇게 하시리라는 걸 믿고 기대하기로 선택하라. 성경은 이렇게 말한다.

[아브라함은] 믿음이 없어 하나님의 약속을 의심하지 않고 믿음으로 견고하여져서 하나님께 영광을 돌리며 약속하신 그것을 또한 능히 이루실 줄을 확신하였으니 롬 4:20-21

인생의 모퉁이 뒤에 무엇이 있는지 볼 수조차 없을 때라도 아브라함의 믿음은 살아 있었다. 하나님이 그분의 약속을 지키셔서 자신으로 하여금 '여러 민족의 아버지'가 되게 하시리라는 걸 믿었다(창 17:4). 유일한 문제는 그와 아내 사라가 늙어갔고 아기를 가질 수 없었다는 것이었다. 상식은 그에게 불가능하다고 했다. 사람들은 그에게 그런 일은 일어나지 않을 거라고 했을 것이다. 사라는 "꿈도 꾸지 마세요!"라고 했을 것이다.

그러나 아브라함은 포기하지 않았다.

"그가 백 세나 되어 자기 몸이 죽은 것 같고 사라의 태가 죽은 것 같음을 알고도 믿음이 약하여지지 아니하고"(롬 4:19).

여기서 매우 중요한 것이 있다. 아브라함은 현실을 부정하지 않았고, 단지 판단을 부정했다. 일종의 거짓 열정을 품고 행복한 척하지 않았다. 그저 하나님이 말씀하신 걸 하나님이 이루시리라고 잠잠히 믿었을 뿐이다.

우리가 때로 엄청난 문제를 만날 수 있다는 사실을 무시하는 건 어리석은 짓이다. 그러나 우리가 패배할 수밖에 없다는 예측을 받아들이지 않고도 이겨낼 수 있다. 판단을 부정한다는 말은 당신의 결혼생활이 결코 만족스러울 수 없다거나 사업이 결코 회복될 수 없다는 판단을 받아들이길 거부한다는 뜻이다. 두려움과 의심을 인정하면서도 이것들이 당신의 믿음을 좀먹지 않게 할 수 있다는 뜻이다.

우리의 믿음을 강하게 하고, 희망을 잃지 않으며, 판단을 부정하려면 두 가지에 적극 참여해야 한다. 첫째는 마음을 열고 정직하게 하나님과 지속적으로 소통하는 것인데, 그러려면 자주 기도하고 하나님의 말씀에 잠겨야 한다. 둘째는 하나님의 말씀에서 보고 그분과 대화에서 들은 대로 살아야 한다.

나는 기도하고 싶어서 도저히 기다리지 못할 때가 있다. 그런가 하면 반대일 때도 있다. 그러나 나는 안다. 결코 기도와 말씀에 시간을 쏟지 않은 채 삶을 헤쳐나갈 수는 없다는 걸. 말씀이신 예수님에게 기도가 필요했다면 내게도 필요하다.

성경에서 말씀을 가리키는 단어는 로고스(logos)와 레마(rhema)다. 로고스는 기록된 말씀을 뜻한다. 강력하지만 불충분하다. 레마는 당신의 마음에 새겨져 살아나고, 실제가 되며, 강력해지는 계시된 말씀을 뜻한다. 레마가 있을 때 당신이 달라지기 시작한다. 성경을 책상 위에 올려두면 멋있을지 모르지만 그 말씀이 당신 속을 파고들어 살아 움직이며, 확신을 갖고 삶을 헤쳐나갈 힘을 주기 전에는 아무것도 아니다.

우리 삶을 온전히 하나님의 말씀 위에 세워야 한다. 말씀이 당신을 감동시키고, 은혜와 진리를 가져다주며, 당신을 변화시킬 것이다. 사람들은 말씀의 능력을 과소평가한다. 그러나 예수님이 금식하신 후 사탄이 나타나 예수님을 시험하며 그분을 넘어뜨리려 했을 때, 예수님은 매번 "기록되었으되"라는 말로 대답하셨다. 사탄은 주린 예수님이 무엇인가를 먹게 하려 했으나 그분은 이렇게 대답하셨다.

"기록되었으되 사람이 떡으로만 살 것이 아니요 하나님의 입으로부터 나오는 모든 말씀으로 살 것이라 하였느니라"(마 4:4).

예수님은 하나님의 말씀을 인용하셨다. 당신이 하나님의 말씀을 인용할 수 있는 길은 단 하나, 그 말씀을 아는 것이다! 당신은 원수를 쳐다보며 "기록되었으되, 이건 뭔가 옳지 않아!"라고 말할 수 없다. 말씀을 정확히 알아야 한다. 성경에 실제로 기록된 걸 말해야만 한다!

이스라엘 민족은 광야에서 헤맬 때 하루 먹기에 넉넉한 만나를 받았다. 영적 영역에서 우리도 다르지 않다. 하루 먹기에 넉넉한 만나를 받는다. 내일, 우리의 손은 빈다! 당신은 매일 다시 시작해야 한다. 마치 결혼과 같다. 월요일, 나는 미쉘을 얼마나 사랑하는지 하루 종일 보여줄 수 있다. 그러나 화요일에는? (생각하면 나는 입이 바싹 마른다.) 매일 다시 시작해야 한다!

하나님의 말씀도 다르지 않다. 당신은 하나님의 말씀을 받는다. 그러나 내일 당신은 더 많이 받아야 한다. 예수님은 우리에게 이렇게 기도하라고 가르쳐주셨다.

"오늘 우리에게 일용할 양식을 주시옵고"(마 6:11).

우리의 일용할 양식은 오늘을 위한 것이다. 그러므로 하나님은 우리가 그분의 말씀을 알길 원하신다! 그분의 말씀은 온통 그분의 생각을 당신 속에 털어놓으시는 것이다. 그분의 말씀은 분명하고 쉽게 기록되어 있다. 당신은 말씀을 읽어야 한다.

성경을 읽는 게 늘 쉽고 내가 성경에서 항상 뭔가를 얻어낸다고 말한다면 그건 거짓말이다. 절대 아니다. 때로 성경을 읽다 보면 3분만 지나도 졸음이 몰려와 방금 읽은 내용도 전혀 기억나지 않는다. 성경을 읽기 전에 오늘 당신을 위해 무엇을 준비해두셨는지 주님께 여쭤보면 도움이 된다.

우리는 말씀에 잠길수록 말씀이 말하는 걸 더 잘 알게 된다. 말씀이 말하는 걸 알수록 우리에게 속삭이시는 아버지의 음성을 더 잘 듣게 된다. 하나님은 당신에게 그분의 비밀을 들려주신다. 그분이 하시는 말씀을 듣기 위해 엘리야 같은 유명한 선지자가 될 필요는 없다.

이사야서 30장 21절은 "너희가 오른쪽으로 치우치든지 왼쪽으로 치우치든지 네 뒤에서 말소리가 네 귀에 들려 이르기를 이것이 바른 길이니 너희는 이리로 가라 할 것이며"라고 말한다.

이사야와 엘리야에게 말씀하셨던 방식으로 오늘 우리에게도 말씀하신다(왕상 19:12). 하나님께서 당신을 불러 행하게 하시는 일이 무엇인지 안다면 가정과 일터에서 그 일을 행하라. 그분이 당신에게 하라고 말씀하시는 일을 하라!

하나님은 언제나 약속을 지키신다. 아브라함에게 약속을 지키셨던 것처럼 나와 당신에게도 약속을 지키신다.

믿음으로 사라 자신도 나이가 많아 단산하였으나 잉태할 수 있는 힘을 얻었으니 이는 약속하신 이를 미쁘신 줄 알았음이라 히 11:11

아브라함은 자신의 능력을 의지하지 않았다. 아무런 힘도 없다는 걸 알았기 때문이다. 자신이 늙었다는 것과 아내가 아기를 가질 수 없는 걸 알았다. 그러나 더 큰 진리도 알았다. "약속하신 이를 미쁘신 줄" 알았다! 전혀 불가능해 보이더라도 하나님은 약속을 지키실 테고 하겠다고 하신 일을 어떻게든 이루시리라는 걸 알았다.

오늘 우리도 다르지 않다. 우리에게는 놀랍고, 사랑이 넘치며, 전능하신 하나님이 있다. 그분이 우리에게 새 생명과 희망을 가득 불어넣길 원하신다. 당신을 당신의 소명으로 부르시며, 당신이 할 수 없는 일을 시키지 않으신다.

당신은 자신이 아닌 어떤 사람이나 그 무엇이 될 필요가 없다. 하나님께서는 이미 당신 속에 당신이 진실하게 되는 데 필요한 전부를 두셨다. 우리는 하나님이 우리를 지을 때 의도하신 존재가 됨으로써 성공하고 번성할 수 있다.

그러므로 진실하다는 게 무슨 뜻인지를 살펴본 이 여정을 마무리하면서 하나님이 당신을 위해 단순하게 하신 사실을 다시 한 번 짚고 넘어가자. 척하기(faking)는 그야말로 우리를 지치게 하고 우리의 진을 빼놓으며 결국 몸과 영혼을 죽인다. 진실하려면 하나님을 우리 삶의 맨 앞에 두고 그분의 사랑이 삶의 모든 부분에 흘러들게 해야 한다. 하나님께 둔 우리의 희망은 진짜다.

하나님을 우선순위에 두고 우리의 가장 좋은 걸 그분께 드려야 한다. 그분을 온전히, 지속적으로 사랑할수록 그분이 주시는 자유를 이전 어느 때보다 풍성하게 누릴 것이다. 하나님께서 계획하신 풍성한 삶과 기쁨과 평안과 만족을 경험할 것이다. 우리 삶의 목적을 알고 그분의 부름을 따라 섬기고 그분의 나라를 확장할 것이다.

선택은 당신의 몫이며, 바로 지금 그리고 매일 아침 눈을 뜰 때마다 시작된다. 진정으로 자유로운 삶을 살고 싶은가? 그렇다면 진실해야 한다. 간단하다.

진실함

초판 1쇄 발행	2016년 7월 4일

지은이	릭 비젯
옮긴이	전의우

펴낸이	여진구		
책임편집	4팀	김아진		
편집	1팀	이영주, 김수미　　2팀	최지설, 김나연　　3팀	안수경, 유혜림		
책임디자인	이혜영, 노지현	마영애		
기획 · 홍보	김영하	해외저작권	김나은
마케팅	김상순, 강성민, 허병용, 이기쁨	마케팅지원	최영배, 이명희
제작	조영석, 정도봉	경영지원	김혜경, 김경희

이슬비전도학교	최경식, 전우순	303비전성경암송학교	박정숙, 정나영, 정은혜
303비전장학회 & 303비전꿈나무장학회	여운학		

펴낸곳	규장

주소　06770 서울시 서초구 매헌로 16길 20(양재2동) 규장선교센터
전화　02)578-0003　　팩스　02)578-7332
이메일　kyujang0691@gmail.com　　홈페이지　www.kyujang.com
트위터　twitter.com/_kyujang　　　페이스북　facebook.com/kyujangbook
등록일　1978.8.14. 제1-22

ⓒ한국어 판권은 규장에 있습니다.
이 출판물은 저작권법에 의해 보호를 받는 저작물이므로 무단 전재와 무단 복제를 할 수 없습니다.

책값　뒤표지에 있습니다.
ISBN 978-89-6097-456-2 03230

규 | 장 | 수 | 칙

1. 기도로 기획하고 기도로 제작한다.
2. 오직 그리스도의 성품을 사모하는 독자가 원하고 필요로 하는 책만을 출판한다.
3. 한 활자 한 문장에 온 정성을 쏟는다.
4. 성실과 정확을 생명으로 삼고 일한다.
5. 긍정적이며 적극적인 신앙과 신행일치에의 안내자의 사명을 다한다.
6. 충고와 조언을 항상 감사로 경청한다.
7. 지상목표는 문서선교에 있다.